厦门大学百年校庆系列出版物 · 编委会

主　任：张　彦　张　荣
副主任：邓朝晖　李建发　叶世满　邱伟杰
委　员：（按姓氏笔画排序）

　　　　王瑞芳　邓朝晖　石慧霞　叶世满　白锡能　朱水涌
　　　　江云宝　孙　理　李建发　李智勇　杨　斌　吴立武
　　　　邱伟杰　张　荣　张　彦　张建霖　陈　光　陈支平
　　　　林　辉　郑文礼　钞晓鸿　洪峻峰　徐进功　蒋东明
　　　　韩家淮　赖虹凯　谭绍滨　黎永强　戴　岩

学术总协调人：陈支平

百年校史编纂组　组长：陈支平

百年院系史编纂组　组长：朱水涌

百年组织机构史编纂组　组长：白锡能

百年精神文化系列编纂组　组长：蒋东明

百年学术论著选刊编纂组　组长：洪峻峰

校史资料汇编（第十辑）与学生名录编纂组　组长：石慧霞

厦门大学百年校庆系列出版物
百年精神文化系列

李光前传

李如龙 著

厦门大学出版社
国家一级出版社
全国百佳图书出版单位

图书在版编目(CIP)数据

李光前传/李如龙著.—厦门：厦门大学出版社，2021.3
ISBN 978-7-5615-8094-3

Ⅰ.①李… Ⅱ.①李… Ⅲ.①李光前(1893—1967)—传记 Ⅳ.①K825.38

中国版本图书馆 CIP 数据核字(2021)第 043573 号

出 版 人	郑文礼
责任编辑	高　健
封面设计	李嘉彬
技术编辑	朱　楷

出版发行	厦门大学出版社
社　　址	厦门市软件园二期望海路 39 号
邮政编码	361008
总　　机	0592-2181111　0592-2181406(传真)
营销中心	0592-2184458　0592-2181365
网　　址	http://www.xmupress.com
邮　　箱	xmup@xmupress.com
印　　刷	厦门集大印刷厂
开　　本	720 mm×1 000 mm　1/16
印　　张	12.75
插　　页	2
字　　数	202 千字
版　　次	2021 年 3 月第 1 版
印　　次	2021 年 3 月第 1 次印刷
定　　价	60.00 元

本书如有印装质量问题请直接寄承印厂调换

总 序

|厦门大学|党委书记　张　彦
校　　长　张　荣|

  2021年4月6日，厦门大学百年华诞。百载风雨，十秩辉煌，这是厦门大学发展的里程碑，继往开来的新起点。全校师生员工和海内外校友满怀深情地期盼这一荣耀时刻的到来。

  为迎接百年校庆，学校在三年前就启动了"百年校庆系列出版工程"的筹备工作，专门成立"厦门大学百年校庆系列出版物编委会"，加强领导，统一部署。各院系、部门通力合作，众多专家学者和相关单位的工作人员全身心地参与到这项工作之中。同志们满怀高度的责任感和紧迫感，以"提升质量，确保进度，打造精品"为目标，争分夺秒，全力以赴，使这项出版工程得以快速顺利地进行。在这个重要的历史时刻，总结厦大百年奋斗历史，阐扬百年厦大"四种精神"，抒写厦大为伟大祖国所做出的突出贡献，激发厦大人的自豪感和使命感，无疑是献给百岁厦大最好的生日礼物。

  "百年校庆系列出版工程"包括组织编撰百年校史、百年组织机构史、百年院系史、百年精神文化、百年学术论著选刊、校史资料与学生名录……有多个系列近150种图书将与广大读者见面。从图书规模、涉及领域、参编人员等角度看，此项出版工程极为浩大。这些出版物的问世，将为学校留下大量珍贵的历史资料，为学校深入开展校史教育提供丰富生动的素材，也将为弘扬厦门大学"自强不息，止于至善"校训精神注入时代的新鲜血液，帮助人们透过"中国最美大学校园"

的山海空间和历史回响，更加清晰地理解厦门大学在中国发展进程中发挥的独特作用、扮演的重要角色，领略"南方之强"的文化与精神魅力。

百年校庆系列出版物将多方呈现百年厦大的精彩历史画卷。这些凝聚全校师生员工心血的出版物，让我们感受到厦大人弦歌不辍的精神风貌。图文并茂的《厦门大学百年校史》，穿越历史长廊，带领我们聆听厦大不平凡百年岁月的历史足音。《为吾国放一异彩——厦门大学与伟大祖国》浓墨重彩地记述厦门大学与全国34个省级行政区以及福建省九市一区一县血浓于水的校地情缘，从中可以读出厦门大学在中华民族伟大复兴征程中留下的深深烙印。参与面最广的"厦门大学百年院系史系列"、《厦门大学百年组织机构史》，共有30多个学院和直属单位参与编写，通过对厦门大学各学院和组织机构发展脉络、演变轨迹的细致梳理，深入介绍厦门大学的党建工作、学科建设、人才培养、组织管理、社会服务等方面的发展历程，展示办学成就，彰显办学特色。《厦门大学校史资料选编（1992—2017）》和《南强之星——厦门大学学生名录（2010—2019）》，连同已经出版的同类史料，将较完整、翔实地展现学校发展轨迹，记录下每位厦大学子的荣耀。"厦门大学百年精神文化系列"涵盖人物传记和校园风采两大主题，其中《陈嘉庚传》在搜集大量史料的基础上，以时代精神和崭新视角，生动展现了校主陈嘉庚先生的丰功伟绩。此次推出《林文庆传》《萨本栋传》《汪德耀传》《王亚南传》四部厦门大学老校长传记，是对他们为厦大发展所做出的突出贡献的深切缅怀。厦大校友、红军会计制度创始人、中国共产党金融事业奠基人之一高捷成的传记《我的祖父高捷成》，则是首次全面地介绍这位为中国人民解放事业做出杰出贡献的烈士的事迹。新版《陈景润传》，把这位"最美奋斗者"、"感动中国人物"、令厦大人骄傲的杰出校友、世界著名数学家不平凡的人生再次展现在我们眼前。抒写校园风采的《厦门大学百年建筑》《厦门大学餐饮百年》《建南大舞台》《芙蓉园里尽芳菲》《我的厦大老师》（百年华诞纪念专辑）《创新创业厦大人2》、

《志愿之光》《让建南钟声传响大山深处》《我的厦大范儿》以及潘维廉的《我在厦大三十年》等，都从不同的角度，引领我们去品读厦门大学的真正内涵，感受厦门大学浓郁的人文精神和科学精神。

此次出版的"厦门大学百年学术论著选刊"，由专家学者精选，重刊一批厦大已故著名学者在校工作期间完成的、具有重要价值的学术论著（包括讲义、未刊印的论著稿本等），目的在于反映和宣传厦门大学百年来的学术成就和贡献，挖掘百年来厦门大学丰厚的历史积淀和传统资源，展示厦门大学的学术底蕴，重建"厦大学派"，为学校"双一流"建设提供学术传统的支撑。学校将把这项工作列入长期规划，在百年校庆时出版第一辑共40种，今后还将陆续出版。

"自强！自强！学海何洋洋！"100年前，陈嘉庚先生于民族危难之际，抱着"教育为立国之本，兴学乃国民天职"的信念，创办了厦门大学这所中国历史上第一所由华侨独资建设的大学。100年来，厦大人秉承"研究高深学术，养成专门人才，阐扬世界文化"的办学宗旨，在实现中华民族伟大复兴的征程上书写自己的精彩篇章。我们相信，当百年校庆的欢庆浪潮归于平静时，这些出版物将会是一串串熠熠生辉的耀眼珍珠，成为记录厦门大学百年奋斗之旅的永恒坐标，成为流淌在人们心中的美好记忆，并将不断激励我们不忘初心继承传统，牢记使命乘风破浪，向着中国特色世界一流大学目标奋勇前行！

张彦　张荣

2020年12月

中国文化之精萃，四海之内皆兄弟也。

——李老前

书前的话

这本小书记述了一个历史人物——李光前先生。这位不平凡的历史人物是特殊的时代、特殊的地域造就出来的。

就他生活的时代说，是近现代之交的时代——20世纪的前三分之二。这是从古代社会转变为现代社会的时代，也是一个灾难深重的时代，既有热战的硝烟，也有冷战的对抗，还是社会矛盾极为复杂的时代。有经济的竞争，政治的对立，还有文化的撞击。就几百年以来到南洋去、至今已经有了几千万的华人来说，这是华侨时代转化为华人时代的变革年代。

就他生活的地域说，他来自一个没落王朝的贫困农村，扎根在东西方交汇处的马六甲海峡，足迹则遍及欧美。这种状况具有多方面的特殊性：在文化方面，东西方的多种文化（中华文化、马来文化、西方文化和印度文化）在这个交汇处反复较量；在民族关系方面，情况也很复杂，在新马，马来人是土著但并非居民中的多数，华人是外来移民却占了较大比例（新加坡华人占74%，马来西亚华人占23%），且对社会贡献也大，英国人数量很少，却掌握着大权，印度人不多也无权势。就国家形态来说，则是从几块殖民地统一为一个完整的马来亚，后来又分为两个独立国家，新加坡和马来西亚。

作为历史人物，他生前有杰出的成就和贡献，在社会上有广泛的影响，在身后他又令人普遍怀念，并给人以有益的启迪。达到这样的要求并不容易，历史上的皇帝那么多，英明而功勋卓著且受后代敬重的又有几个？各个行业的学者、技师、艺术家，只有功高德劭才能超越时代，成为历史的记忆。可见，成为历史人物，必须有充分的主观素质和努力，也要有必要的客观需求和条件。

光前先生有哪些主观上的潜在素质呢？

对待多种文化，他能够利用多种语言广泛汲取，并加以比较和分析，而后取其长、用其利。东方的道德文化、西方的科学技术在他的创业和社会活动中是巧妙结合起来的。甚至在中华文化中，儒、道两家他也各有其用——以儒入世，由道出世，可谓各得其所。在不同文化的理解和运用上，他堪称智者。

对待不同的人群，不论是不同民族还是不同智力、财力的人，他都能以谦逊的态度尊重别人，在人际交往中，他贫而不贱、富而不骄，对亲者严、待疏者宽，对下知人善任，对上不卑不亢，既不结私党，也不树仇敌，应该说，他分明是个善者。

对待历史的变迁，他善于审时度势，经过观察及时适应客观需求，采取恰当的对策。经营企业，经济萧条时他有坚强的韧劲，产销茂盛时他又能洒脱奉献。政治运动中，他有爱憎但不走极端、运作有度，还能早早就看清：华人在海外必须从"落叶归根"转变为"落地生根"。这些方面的表现，都说明他是个勇者。

从一贫如洗到百万富翁，他三十年间取之于社会，行的是仁义之道，从不欺诈，也不独吞，而是互惠共赢；成功发达之后，他回馈社会，大办公益事业，自己不遗余力，也要求下辈世代相传。在这方面，他不但是仁者，也是贤者。

至于客观的需求和条件，下列几点是重要的。华人移居的南洋，处于热带地区，树胶、黄梨和锡矿是当地经济开发的要项，尤其是树胶业，曾是那里经济起飞的坦途。二战之后，殖民地觉醒、民族独立之势不可逆转，新马各民族都要生存和发展，不同的诉求造成矛盾和抗争，这是很难避免的。经济实力、文化教育和历史传统都是决定矛盾抗争结果的重要因素。光前先生所属的福建帮，历来和马来人有血缘、业缘的关系，百年的苦干造就了大批树胶生产、销售的能手；他们依靠华文教育传承中华文化，在南洋也最为出色。光前先生凭着自身的资质，又善于发挥中华文化传统和福建帮经营树胶的优势，加上运用西方科技、经济管理和金融手段，在陈嘉庚公司经营的良好基础上，加以创新和发展，他的成功就从可能变成必然了。经济的成功和政治运作的合理有度、个人品格的高尚情怀和大办社会公益的广泛影响，都把他推为继陈嘉庚之后的华人时代的领袖人物。

这就是我经过20年的研究和思考，对南益公司和李光前先生的成功的理解和定位。我相信，这一个案的研究，对于东南亚华人史、经济史、政治史、文化史的研究都有重要的意义。

光前先生离开我们已经半个世纪了，现在年过花甲的新马人，都还记得他，年轻人就未必知道了。对这样一位不平凡的历史人物一无所知，是很遗憾的，因为每一代人对于前一代人，都应该有继承才能有发展。我自知这本小书资料不足，分析不透，祈望有更多的高手和新手，共同把这项研究向前推进，这就是我不揣冒昧把它拿出来和读者们分享的初衷。

本书成稿已经多年，此次出版是列为厦门大学百年校庆系列出版物的八种人物传记，用来怀念对厦大建设有功先贤，这是十分合适的。李光前先生虽然未曾在厦大生活过，却是在厦大创办的最艰难时期，接手陈嘉庚先生的事业，给厦大注入活力的功臣。他数十年间对建设厦门大学的热情奉献，至今都在延续，他的精神应该成为厦大人的永恒记忆。

目录

第一章 **少小努力**（1893—1912）……………… 1
　　故乡的童年…………………………… 3
　　南渡就学…………………………… 10
　　回国深造…………………………… 13

第二章 **初露锋芒**（1912—1927）……………… 17
　　步入社会…………………………… 19
　　伯乐得马…………………………… 23
　　首创奇迹…………………………… 27

第三章 **大展宏图**（1927—1937）……………… 33
　　倾家的教训………………………… 35
　　艰难行进…………………………… 40
　　跃然腾飞…………………………… 44

第四章 **烈火真金**（1937—1947）……………… 49
　　投入救亡…………………………… 51
　　高尚情怀…………………………… 54

第五章 **再攀高峰**（1947—1954）……………… 61
　　高瞻远瞩…………………………… 63
　　顽强坚持…………………………… 74
　　再度腾飞…………………………… 81

第六章 **高山仰止**（1954—1967）⋯⋯⋯⋯ 91
　　奉献社会⋯⋯⋯⋯⋯⋯⋯⋯⋯⋯⋯⋯ 93
　　高风亮节⋯⋯⋯⋯⋯⋯⋯⋯⋯⋯⋯⋯ 101
　　一代完人⋯⋯⋯⋯⋯⋯⋯⋯⋯⋯⋯⋯ 108
　　灿烂的晚霞⋯⋯⋯⋯⋯⋯⋯⋯⋯⋯⋯ 112

第七章 **源远流长**⋯⋯⋯⋯⋯⋯⋯⋯⋯⋯⋯ 119
　　青山长存⋯⋯⋯⋯⋯⋯⋯⋯⋯⋯⋯⋯ 121
　　大浪淘沙⋯⋯⋯⋯⋯⋯⋯⋯⋯⋯⋯⋯ 126
　　升华与回归⋯⋯⋯⋯⋯⋯⋯⋯⋯⋯⋯ 130
　　回望弥高⋯⋯⋯⋯⋯⋯⋯⋯⋯⋯⋯⋯ 138

参考文献⋯⋯⋯⋯⋯⋯⋯⋯⋯⋯⋯⋯⋯⋯⋯ 145
附　录 **李光前先生的远见卓识和崇高品格**⋯⋯ 149
　　附录一　李光前先生生平大事年表⋯⋯⋯ 151
　　附录二　李光前先生的远见卓识
　　　　　　和崇高品格⋯⋯⋯⋯⋯⋯⋯⋯ 161
　　附录三　芙蓉李氏族谱节录⋯⋯⋯⋯⋯⋯ 179
　　附录四　有关诗词一束⋯⋯⋯⋯⋯⋯⋯⋯ 182

初稿后记⋯⋯⋯⋯⋯⋯⋯⋯⋯⋯⋯⋯⋯⋯⋯ 185
跋⋯⋯⋯⋯⋯⋯⋯⋯⋯⋯⋯⋯⋯⋯⋯⋯⋯⋯ 188

第一章 少小努力（1893—1912）

李光前传

故乡的童年

李光前先生1893年10月18日出生于福建省南安县芙蓉乡，现今为南安市梅山镇竞丰村的后田自然村。

南安市梅山镇竞丰村李光前故居

李氏聚居的芙蓉乡位于南安县中部，因为李姓占绝大多数，这里的李姓也称"芙蓉李"。芙蓉乡包括现今梅山镇的竞丰、蓉中、蓉溪和梅峰四个村，这里是在泉州入海的晋江上游（西溪）的一片低山丘陵地，南边是有几分威严的大小两座"杨梅山"，北边是连绵起伏的"鹅角髻"，有大小两条芙蓉溪（俗称"大溪"和"溪仔"），分别从西边和北边蜿蜒而来，夹着一片不太宽阔的河谷盆地。四山环绕，两水中分，汇流在"双溪口"，出去便是晋江的西溪了。旧时，小山坡上有几片不大的林子，种的是相思树和松树，低洼处还散落着一些木芙蓉，开着深红和浅红混杂的大花。瓦房、田园和沟渠错落其间，从东到西，有一条可通泉州和永春的乡间土路，旧时可供脚夫挑担营生，大小芙蓉溪有不大的"渡船头"，造桥都是后来的事，修公路是1951年的大事。当时，泉州的"福建省晋江中学"内迁到西邻的新兰村，借用几座华侨的新屋大厅上课，我是高一的学生，还参加过义务劳动。寂静的乡村，还算有一片风光。先辈的文人作诗，在门联上爱说"钟灵毓秀"一类的话，寄托一点希望，也是可以理解的。然而周边的小山丘无法灌溉，只有一些高高低低的望天旱地，两条小溪却又常常因山洪泛滥成灾，沿河的良田，几乎每年都会被洪水冲击而崩塌，变成了一无所用的填满沙石的河滩。这样的村落，幅员并不广阔，资源也比较短缺。在一百年前水利不兴、交通不便的情况下，真有几分萧条。所以就开始显得人多地少，难以开拓了。本地的穷汉们流传着一句俗谚——"船头走马，进前无步，退后无路"，便是这种状况的写照。

据族谱记载，芙蓉李氏开基于明朝初年，相传开基祖李广孙（1324—1379）携妻儿逃难经过此处，向人借吊桶往井里打水止渴，因为不习惯从井里吊水，一不小心，把小水桶打烂了，小桶片破散井中，无法捞起，一时不得离去，遂在此定居。水桶的木片俗称为"桶墙"，桶破了，木片散浮水上，就是"浮墙"，土音是[puciun]（和"浮墙"同音），于是这里就叫作"浮墙乡"。其实，这里就有不少野生的"木芙蓉"，土音是[pulinghue]，很有可能"浮墙"就是"芙蓉"的旧时的发音，在音韵学上叫作古今音有别的"文白异读"。究竟是因"浮墙"而雅称"芙蓉"，还是先有野地里的木芙蓉，把更早的古音附会成"浮墙"之说，就难以稽考了。到了明代中叶的第六世，出了个能人李汝夏（1475—1534），凿开四条水渠，便有了些灌溉之利，增加了一片水田，李氏家族才渐渐兴盛起来。但是，不到二百年工夫，就又是人满为患，无地垦殖，难以维持生计了。从那个时候起，数百年间，芙蓉李氏经历了三波外出移民潮。

南安县的地形是斜状长条形，西北部的"里山"称为"顶（上）南安"，东南部的沿海称为"下南安"。明末清初的时候，"下南安"的石井乡，出了个民族英雄郑成功，明末隆武皇帝赐他姓朱，起兵反清复明，十数年间，养兵数十万，于1661年渡过海峡，驱除荷兰殖民者，收复了台湾，又让士兵和一些闽南老乡去开垦那地广人稀、土地肥沃的宝岛。他的壮举和业绩在闽南一带远近闻名，南安、晋江的乡亲，便跟着这位"国姓王"的部将和兵士东渡台湾，不少就在那里安家落户。后来，清政府为了防备"延平王"的攻击，竟然在闽粤沿海下令禁海迁界，把沿海数十里的原有居民内迁外地，夷平原有的家园。顺治十八年（1661）和康熙十七年（1678）两度下令迁海之后，千余里沿海一片荒凉，人民流离失所。至康熙二十二年（1683），才宣布"复界"。那时，李氏家族在芙蓉乡大约传至第12世，年轻人又陆续渡台谋生，那里果然是个人丁稀少、土地肥沃的好地方，特别适合农耕，营商也有利可图。不久就被闽南人称为"侥幸山"，意思是"让你一去就不想回"。到了第14至15世，李氏移居台湾达到高潮，长房因为住在西边的山地过穷日子，基本上都搬迁过去了。1992年，台湾云林县元长乡由族长李请带领着"李氏宗亲谒祖团"来原乡访问探亲，据他们的报告，云林县的元长乡就是因为移居者多为李氏家族的长房人士而命名的。那年，该乡的芙蓉李氏宗亲就有1387户，9617人。前几年我去台湾地区参加学术会议时还顺道去元长乡拜访过这位长者，受到热情接待。20多年过去了，那里的宗亲应该有1万多人了。这是芙蓉人向外移民的第一波。

清代中叶之后，厦门成了通商口岸。人多地少的闽南农村，又有更多的人陆续远渡南洋，俗称"过番"。本地方言称南洋为"番平"。由于跨洋过海、旅费昂贵，语言不通，南渡移民只能以投亲靠友的方式，按照祖居地的籍贯、姓氏和宗亲的血缘聚居，还逐渐建立了宗亲会、同乡会的组织，"旧客"照顾"新客"，强者帮助弱者，靠着勤劳和节俭，在那肥沃的热带地方披荆斩棘，也都生存下来了。如今，散居在菲律宾、新加坡、马来西亚、印尼、泰国、缅甸等地的"芙蓉人"已经难以统计，主要散居在菲律宾（吕宋）、新加坡、马来西亚和印尼（实叨），应该也有几万人了。梅山镇也成了南安最大侨乡之一。这是第二波的外出芙蓉人。

竞丰村入口处的李光前先生纪念牌坊

后来，1895年中日战争之后，台湾被日本割据，东渡之路已绝，第二次世界大战，沿海沦陷，日本侵略者又发动了太平洋战争，下南洋的路也断了，（侨乡的说法是"交通断绝"）。自从20世纪30年代光前先生在本乡办起学校，知识青年多起来了，不少还到外乡就学、谋职，散居本县、本省乃至全国各地的都有。这次芙蓉人外出的第三波是随着新中国的发展，人口膨胀、长时间向外扩展的。据各村落估计，海外的芙蓉李氏的后裔、台湾的李氏宗亲和散居大陆各地的"芙蓉李"的人数，大体都与留在本乡的人口数相当。闽南的侨乡大多是出外的人比在家的更多。

20世纪40年代之后,光前先生在家乡创办了小学、中学、医院、幼儿园,诸多海外侨亲也汇款资助或回乡参加家乡建设,芙蓉乡逐渐成了闽南的著名侨乡。如今,方圆14平方公里的芙蓉乡(南安市梅山镇),住着14000多人。近年来,有了改革开放的好政策,本乡人努力奋发,海外、港台的乡亲也回乡投资,办了不少乡镇企业,侨乡出现了一派繁荣的景象。光前先生捐建的学校、医院已正式命名为"光前学村",他的后裔又捐款建立"李氏基金会",年年奖教奖学,投资建设家乡的各项事业。数十年来,李光前家族对芙蓉侨乡的建设做出了慷慨无私的杰出贡献,这是所有的本乡人和外出的芙蓉人无人不知,并且交口称赞的。

光前先生出生的后田村属于李氏家族的二房三支派。他的父亲李国侯(1854—1915),又名国专,自号隐逸太学生,幼时上过村塾,粗通文墨,后来在本村也当过塾师,在世人眼中,据族谱所载,他"和平敦厚、有长者风","丧父母存殁尽礼,待友朋情义兼至,遇交接信义相孚"。当时入塾生员极少,束脩低微,每人每年只交五个银圆,家中田地也不多,难以维持生计,便到厦门谋生。在那里,李国侯理过发,开过小客栈,后来有了一个小小的成衣铺,还购买两条小木船在厦门与安海之间跑运输。这期间,李国侯和厦门人林合姊(1876—1901)结婚,婚后临产时,林合姊返回芙蓉故乡,于1893年10月18日生下李光前,开始的乳名叫玉昆,希望他长大后能出人头地、光宗耀祖、超越前辈,后来又起了个学名叫光前。

童年时代的李光前,家境不佳,母亲早逝,所以从小就养成了独立意识。他跟父亲的朋友、塾师李国颂读过几年旧书,干过一些放牛、拾猪粪的活。后来在回忆童年生活时,他曾说过,贫穷劳苦并不可耻,也是可以忍受的,最难忍受的是受侮辱。小时候拾猪粪,人家往你粪筐里扔石头,溅你一身猪屎,这就是仗富欺贫的侮辱。由于从小刻苦勤奋,聪颖过人,玉昆深受父亲的疼爱和器重。八岁那年,母亲过世,在厦门谋生的父亲又遇上一条运输船沉没之祸,李国侯前思后想,决计随着大流"过黑水",远渡重洋作一番拼搏，便带着幼小的儿子，于1903年跟着朋友南渡新加坡。

　　李光前在家乡度过的童年正是民主革命前旧中国最黑暗的年代。西方列强用枪炮轰开了清朝政府的大门，鸦片战争、第二次鸦片战争、中法战争之后，帝国主义侵略者步步进逼，腐败的封建王朝步步退却。1895年甲午战争，订立丧权辱国的《马关条约》，把台湾和辽东半岛割让给日本，1897年德国强占胶州湾为其势力范围，俄国"租借"旅顺、大连，英国"租借"九龙、威海卫，法国"租借"广州湾。戊戌变法失败，六君子被杀，改革派康有为、梁启超流亡海外。更悲惨的是，1900年的八国联军进攻中国，在北京烧杀洗劫，1901年签订《辛丑条约》，中国自此彻底沦为半殖民地半封建社会，给当时的国家和人民带来了空前沉重的灾难。福建省则于1898年被划为日本的势力范围，日本海盗和日据的台湾浪人常在沿海一带骚扰掳掠。由于政治腐败，经济破产、土匪横行，闽南农村已是民不聊生，加上人多地少，难图生计，在这种景况下，许多人只好跟着先人的足迹，要么东渡台湾，去到"侥幸山"，要么出洋"过番"，背井离乡，走出海洋，以寻求生计。

　　这就是李光前的故乡和童年，贫穷落后的故乡，悲苦流离的童年。不过，在他的幼小心灵里，故乡还留下青山绿水和浓浓亲情的美好记忆，凝成了浓郁的乡愁，而悲苦惨淡的生活却给他埋下了奋发图强的种子。

芙蓉村光前公园

芙蓉村光前公园李光前像

南渡就学

1903年，李国专带着三个孩子来到新加坡，开始时在南安同乡富豪林路（抗日英雄林谋盛的父亲）的店里"浪邦"（马来语longbang的音译，意为"依人糊口"），后来也做点小裁缝的活计，当时，原先抱养的大儿子玉麟尚未成年，文化较低，只能在那里打点零工，老二玉昆和弟弟玉荣都还幼小，靠他一个人的小经营，景况自是不好。原来在厦门时他多少赞助过一些闽南老乡出洋，来到这里难得碰上一两个，却也都还难以糊口，帮不了什么忙。他只能勉强维持着穷困的生活。但他毕竟有些文化，正如俗谚所说，"家贫子读书"，他深知为了来日的发展，再穷也应该让孩子上学。当时的富家子弟可以进"英华书院"一类的好学校，李光前兄弟俩则只能选择学费低廉的学校就学，他们进的是龙岗路的英印学堂（Anglo-Indian School），那里的学生大多也是很贫穷的印度人。成功之后的李光前常常谈起当年的困顿生活：每天早上上学时，准是在路边的小摊上吃一分钱一餐的早饭——一碗白饭，一块肥肉，想要吃瘦肉，一餐得三分钱。在家乡吃惯了地瓜粥、地瓜渣、大麦糊，有这样的早餐，就算好的了。进这家小学的孩子，一色都是没有鞋穿的"赤脚大仙"，放学之后，大多要兼些家务活，有的要去放牛、挤牛奶等等。除了照看弟弟，光前却没有多少家务活好干。父亲是教过私塾的，也希望他不要放弃读旧书，因为英印学堂只学英文，怕他丢了中文，就要他利用周末时间到养正（后来的崇正学堂）和道南这类华文学校兼学中文。

初来南洋的李光前，一切都觉得新鲜，在英印学堂里学的英文和数学是老家的私塾里未曾学过的，一下子就把他吸引住了。

他如饥似渴，不知疲倦地学习。白天上学，晚上和星期天也都在家做功课、看书，从来不去熙熙攘攘的街市上游荡。晚上做功课，只能点着豆油灯盏，灯光昏黄，就是当年长时间的阅读，以致眼睛高度近视。慈祥而严肃的父亲看着他视力日益衰退，不时在夜深的时候，吹了灯要他上床睡觉。后来，他设法要了一把小手电筒，躲在被窝里继续看书。有一天竟被父亲发现了，挨了一顿骂："你这不是费了我更多的钱！"原来，父亲要他去就寝，不但是为了他的健康，而是为了节约灯火费哩！

在英印学堂学习的时间虽然不长，但李光前学到了新奇而有用的英文和数学，和印籍孩子相处、相交，接触了不同的文化，也学了一些印地语，在他的幼小心灵中，还是留下了不少有益的记忆。

英印学堂办得不好，不久便停办了。1906年年底，福建会馆创办道南学堂，这是一家好学校，陈嘉庚先生是这家学堂的发起人和创办人之一。他在创办时捐了3000叻币，后来又累捐至10000叻币作为办学经费，被委任为董事会总理。在众多的华文学校中，这是一家颇有改革精神的新式学堂。例如，率先废除方言（闽南话）教学而采用华语（普通话）教学，这在当时是非常先进的。在中国，直到辛亥革命后的第二年（1912）制定了"注音符号"后才用它来教国语的。为了保证教学质量，陈嘉庚还突破了帮派的界限，聘用了非闽籍的能人熊尚父为校长。没几年工夫，道南学堂成为新加坡第一流的华文学校。在道南学堂，李光前带着比他小五岁的弟弟玉荣上学，玉荣的华语学不好，常常跟不上，急性的玉昆觉得不可理解，怒其不争，不时给予训斥。数十年后，想起当年对弟弟的粗暴态度，他还常常负疚。有一次曾查问过侄辈助手李成枫："玉荣弟不知是否还记得小时候我凶他的事，现在会不会还怨恨我？"当李成枫和玉荣说起此事时，玉荣深有所感地说："是二哥给我打开了眼睛，没有他，我还找不到路呢，应该感谢他才是，何来怨恨！"从这件小事可以看出，李光前的性情有些急躁，态度有时也有些生硬和粗暴，却又是很宽厚仁慈的。

因为兼学中英文，广涉新旧学，早熟的李光前学得很勤奋，又善于融会贯通，虽然换过学校，学得有些杂乱，后来经过道南学堂的雕琢，他很快就成了名列前茅的优等生。这前后五六年的童年启蒙教育，对他来说，还是丰富多彩的，为他之后的深造准备了坚实的基础。

回国深造

南洋华侨素有"革命之父"的称呼，指的是孙中山先生发动革命时，最先是以南洋为基地的。1895年广州起义泄密失败之后，孙中山流亡海外，先后8次到了新加坡，于1906年在新加坡秘密地建立了同盟会的分会。1910年南洋的英属、荷属殖民地的华侨就为革命筹款8万银圆，广州起义时，在黄花岗牺牲的72烈士中就有南洋华侨志士28人。而1911年的武昌起义，仅新加坡两次筹款就达四五十万。

1906年，清政府创办暨南学堂于南京薛家巷妙相庵，这是专为海外华侨办的新式学堂，原本的办学目的是抵制维新运动的新思潮和民主革命的势力，在海外华侨中争取自己的支持者，培养忠于王朝的后生干才。因此免收学杂费，还发给一些奖学金做生活上的津贴，并且宣布：毕业后可以送往国外继续深造，若能学成回国，也可能任用为出国的外交官员。对于海外的穷孩子来说，这显然是极好的就学机会。因此，李国专就很想让聪明好学的儿子光前回国深造。

1908年，清政府派专员到新加坡和荷属东印度招考暨南学堂的学生。李光前以优等生的身份考上了，获得了奖学金，同时考上的还有40多名华人子弟，其中来自新马的有16人。就这样，15岁的李光前获得了前往南京暨南学堂就读的机会。

这是一所中等学堂，因为各国来的学生水平不一，入学时经过测试，按照四种不同程度分别编班。新加坡来的李光前和康霈英等被编入程度最高的"中甲"班，按规定学四年就可以高中毕业了。初办的暨南学堂，校长郑洪年经营得颇见成效。李光前因为基础扎实，很快就显示出他超人的才华。在同学中，谁都知道，凡是老师讲过还未能理解的，去问那个戴眼镜的瘦高个儿，准能得到解释。他俨然成了小先生。经过两年的学习，他各科都获得优异成绩。除了数、理、化，他还擅长作文，所写的文章常被选出来，印成范文供低班同学参考。据他的下届同窗陈维龙后来回忆，李光前所写的范文中，有一篇《试论郭子仪与李光弼》印发之后，给大家留下了很深的印象。

南京求学虽然只有两年，对于李光前的造就却是很重要的。从个人成长来说，他当时作为血气方刚的青年，经过新知识的武装，正是树立雄心壮志的时候；从国家和社会来说，当时正值洋务派大臣执掌大权，废科举、办学堂，提倡学习西方的科学技术，努力培养各种建设人才。加上正在酝酿的民主革命思潮，先知先觉者正在寻求对付西方"坚船利炮"而振兴自强的道路。在黑暗的神州大地上，出现了一道希望的曙光。海外归来的青年李光前对于西方技术已经有不少感受，经过一番充实，他萌发了合乎时宜的志向——当一个救国济民的工程师！

暨南学堂后来迁往上海，1927年升格为国立暨南大学，1949年与复旦大学和交通大学合并，1958年在广州重建复办。

在暨南学堂毕业时，李光前的学习成绩是全班之冠。1910年，他考上了当时全国最高的新学府——清华高等学堂（即现今清华大学的前身），后来出于对科技应用的兴趣，又得知詹天佑已经在中国修建了铁路，十分兴奋，他便又转入唐山路矿专门学堂（即现今的交通大学前身）。不久，辛亥革命爆发，学校教学无法正常进行，李光前也卷入了革命的大潮。他参加同盟会，大约就在这个时期。李光前响应革命党的号召，与清王朝誓不两立，毅然剪去发辫，可以作为旁证。在当时统治者的策划下，社会上盛传着"留发留头"的口号，剪掉辫子，就是非同小可的革命行动了。

辛亥革命冲垮了数千年的封建帝王的朝廷，但是，对内未能革除朝野的盘根错节的腐败现象，对外也无法抵御帝国主义的干涉和盘剥。1912年，南京成立了临时政府，孙中山先生于1912年元旦就任临时大总统，2月宣统皇帝退位。这总算是一个革命的成果，刚给了人民一点希望，却又立即被窃国大盗袁世凯夺走了。袁世凯称帝，使中国陷入了军阀混战。1912年，北洋政府因为发现了不少同盟会员的活动，关闭了唐山路矿学堂，并到处搜捕革命党人，连年轻的学子也处于白色恐怖之中。李光前从北方避难回到了福州（当时的福州曾成立过光复政府，并得到了陈嘉庚先生的支持和赞助），在朋友家里躲避多时之后，又回到了南安家乡。这时父亲已经告老还乡，虽然孩子都不在身边，老人独自生活不无困难，但为了他们的前途打算，老人也不想把光前留在自己身边。

满腔热情的李光前回到祖国，经历了一番动乱，看到的是乱糟糟的政局和死沉沉的乡村，颇有幻灭之感。凭着一己之力，他是无法去扭转这样的局面了，在这样一个贫穷落后的家乡，怕也难以找到一条适合自己的出路。他这时想的还是学点现代的科学技术，办实业救国，靠科学救国。有多年学来的新知，他深信自己可以有一番作为，要把这个愿望变成现实，看来还是得到那个新开垦的海岛上去，因为那里没有那么多因袭的重负。他无法再遵循"父母在不远游"的旧训了，只好向父亲告罪，毅然决然，孤身再度出洋，去闯天下。

第二章

初露锋芒

(1912——1927)

李光前传

步入社会

十年的内外奔波，初步涉猎了中西之学，经历了一场变幻的政治风云，把少年李光前锻炼成一个早熟的知识青年。他是一个爱思索的人，也是一个多忧虑的人。祖国的前程，社会的改造，家庭的维持和个人的发展，诸多问题一时都涌向他的脑际。回到新加坡后，现实生活就要求他马上理出个头绪，作出抉择。李光前意识到，首先必须求得社会上的独立，还要维持小弟的培养，然后才能图谋发展。当他想先求个稳定的职业时，首先就想起了培养过他的两家母校——道南学堂和养正学堂。这时，在陈嘉庚先生的主持下，道南已经迁往亚美南街的新校舍，改名为道南学校，是全埠最好的华文学校，养正学堂也发展为崇正学校。因为两手空空，有一段时间他就任教于崇正学校，白天教书，晚上把几张课桌拼起来就是他的床铺了。为了增加一些收入并锻炼自己的工作能力，他白天在小学里教书，晚间还找到一份兼职，为《叻报》当英文翻译。那时，初办的中文报纸，资金短缺，无法订购电讯，只能通过《海峡时报》一类的大报，把英文新闻稿翻译过来。李光前每天晚上点着洋烛，一面驱赶着成群结队袭来的蚊子，一面做翻译。许多年后，他当了大老板，有时到下属工厂去巡视生产情况，在厂里过夜时，职工们问他，"受得了蚊子的包围吗？"他笑着说："我喂蚊子喂过好多年了，有什么可怕的！"指的就是当年的情景。

没过多久，他就发现了，自己并不适宜当教员，因为心中另有一番抱负，无心去潜心研究启发幼小心灵的良法，也因为小时候的困顿生活，养成了自己平素性情急躁。若要用他自己的举一反三的悟性去要求学生，就常常会行不通，难免使自己怄气，对学生的心理、生理的成长也是十分不利的。他很快就做出决定：必须另谋出路。

当时，新马的锡矿和树胶种植业已经开发起来，殖民地政府为了发展工业，就要大规模地办交通，开公路。单从西方雇用技术人员是不够用了，便在本地办了一些职业学校，培训中级技术人员。其中有一所是测量局所办的"测量专门学校"，上午让学生在野外训练测量，下午上课，实际上是所半工半读的学校。学费是免了，经济待遇却很差，除了生活费，每月大约只有十元八元的津贴。所定的合约还写明，毕业后至少还要为测量局服务五年。为了生活，也为了学点本领，李光前进了这家学校。此类职业学校的教学内容是可想而知的，只能有机械、枯燥的练习和操作。这对于已经有不少学识也有远大抱负的李光前，显然是不能满足的。为了多学点本事，李光前还报名参加了美国一家大学办的土木工程科的函授。

那个时候，他每天早晨五时起床，六时集合，跋山涉水作实地测量，下午回学校上课、绘图，晚上还要应付函授课程的作业，那繁忙艰苦的程度现代青年是很难想象的。是什么力量支持着他呢？从个人来说，他要多学点本事以立足社会；对于家庭生活，他也有一份不轻的责任；对社会来说，维新运动的前驱者所倡导的科学救国、工业救国、教育救国的思想，一直在激励着他。

中国革命受到挫折，孙中山先生的活动并未停止。1914年他在日本东京重组革命力量，次年发表《讨袁宣言》，准备武装斗争。南洋华侨素称"革命之母"，爱国的侨商们，从一开始就给了革命事业热心的帮助，为了筹集资金，革命党人在上海开办实业银行，并派遣同盟会会员庄希泉返回新加坡筹款。这时，欧洲已经卷入世界大战，处于东西洋要冲的新加坡，航运梗阻，物资供应紧张。中国又陷入军阀混战，经济也十分凋零。庄希泉和新加坡的同盟会会长陈楚楠商量，创办个当时还未曾有过的中华国货公司，既可推销国货以适应市场需求，又可以挣些钱为革命筹饷。

庄希泉(1888—1988),祖籍福建安溪,从厦门南渡新加坡。1911年参加同盟会,在新加坡创办国货公司,1917年办华侨女校。后来又参加国民党和民主同盟,在新加坡和我国香港、台湾地区从事革命活动。1949年受命到新加坡接陈嘉庚到北京参加政治协商会议。全国侨联成立后任副主席,后接任陈嘉庚为主席。1965年李光前到上海治病时,庄希泉专程来上海接他到北京,并陪同了周总理的接见。陈楚楠(1884—1971),厦门人,出生于新加坡。早年与兄长经营树胶业,后参加同盟会,为新加坡分会长,曾创办《中兴日报》,筹集资金支持辛亥革命。

庄希泉和陈楚楠计议好了,在物色得力助手的时候,他们看中了李光前。在当时的新加坡,像李光前这样的知识青年,通晓中英两种语言文字,掌握不少的现代科学知识,深谙国情、侨情,又是十分厚道的人才,确实是太少了。为了聘用李光前,他们不惜代价,付出一大笔钱给政府测量局作为培养费的赔偿。李光前向来就有殷切的爱国之情,转到国货公司任职,自然也乐于接受。就这样,1915年,李光前到了中华国货公司当了英文秘书,负责处理对外贸易事务,这是他离开学校步入商界的开始。

李光前在中华国货公司任职时间不长,便学到了不少商业经营本领,把省吃俭用剩下的钱买了一些股份,而且快速地办了一件十分有意义的事。辛亥革命之后,国内废科举,兴新学,在新思潮的影响下,一批新型的知识分子用新思想设计新型小学,编印新教材。当时的商务印书馆出版了共和版的教科书,中华书局则称为中华版。而新、马和南洋各地的华文学校还是使用陈旧的教材和读物,高深的是四书五经,低俗的是三字经、百家姓、千字文和尺牍、杂字。李光前刚离开之前就读的国内外的学校,深知南洋华校教材必须更新。他一进中华国货公司,就想起了经销新教材这件事。经过一番努力,国货公司取得了中华书局出版的中华教科书的销售代理权,还兼售一些宣扬革命思想的新潮刊物,很快就把这批新教材和新刊物销往南洋各地,在学校和社会上销售。这不但为国货公司创造了效益,而且传播了革命思想,推动了新型的海外华文教育的发展。可以说，这是李光前步入社会之后所做出的头一桩贡献，也是青年李光前初次显露的锋芒。

不久，中华书局看到了南洋华侨潜在的中文图书的市场，抓住这个商机，便于1916年年底，在新加坡也开设了分局。

1915年，李光前的父亲在家乡病故。正在为人生的事业和前途奔波的李光前，未能回家送终，但是，父亲的养育、教导之恩他是铭刻在心的。父亲为他起的学名——光前，更是不断鞭策他前进的力量。在往后的年月里，当他有了余力奉献社会时，他最先想到的就是，用父亲的名字来怀念和记录父亲对他的期望。例如，20世纪40年代李光前在新加坡捐建的"国专科学馆"和"国专图书馆"都是冠用了父亲的大名，在抗日战争的烽火中为家乡创办新学校时，也是用父亲的名字把这所乡里的头一所新型学校定名为"国专小学"。

伯乐得马

从1916年到1927年，陈嘉庚创办的谦益公司（后改为陈嘉庚公司）觅得了李光前的加盟，前后十一年，李光前为陈嘉庚先生所创办的各种事业立下了汗马功劳。他自己也历经锻炼，成为一个成熟的企业家。

陈嘉庚（1874—1961），福建同安集美人，1901年南渡新加坡协助父亲经营米店，后自营黄梨厂、树胶厂。1910年参加同盟会，他平生的夙愿就是办学育人，振兴祖国。1913年起在集美家乡陆续创办小学、中学及师范、水产、航海、商业、农林各类中专，1919年在新加坡创办南洋华侨中学，1921年又倾资创办厦门大学。十来年间，他创下了辉煌的业绩。抗战爆发之后，国难当头，1938年，他率先组织"南洋华侨筹赈祖国难民总会"，先后募集15亿元回国救济难民，又组织3200名司机和机修工，奔忙于滇缅公路，为大后方运送各种战时物资。1940年，他组织南洋华侨慰劳考察团亲自领队访问重庆和延安，慰问抗日战士，毛泽东为庆祝他安全回归的集会题字："华侨旗帜，民族光辉"。经过观察和比较，他盛赞中国的希望在延安。太平洋战争爆发，新加坡沦陷之后，1941年避难印尼，1945年返回新加坡。1949年，他应邀回国参加政协筹备会，后任中央人民政府委员、政协副主席、全国侨联主席，1950年返回家乡集美定居。

陈嘉庚不愧是有眼力的伯乐，李光前也确实是难求的千里马。这位伯乐是怎样得到了千里马的呢？

陈嘉庚延聘李光前是看准了发展树胶业的前途，当他发现了李光前的才干之后，就盛情邀请他加盟，并且很快就招他为东床女婿，把企业的大权交付给他，放手让他去实施自己的宏伟计划。

树胶的种植和炼制，锡矿的开采，至今还是马来西亚的两大支柱产业。这两大产业都是勤劳智慧的南洋华侨历尽艰辛开拓出来的。树胶业就是早期的华人林文庆和陈齐贤从1890年开始引进试验种植的，他们的成功经验证明了，位于赤道边上的新马地区，气温高、雨量足，是种植树胶的理想场所。陈齐贤经营的种植园在20世纪之初就有了收益。陈嘉庚是林文庆的好朋友，他曾经称林文庆是马来亚的"树胶之父"，因为林文庆多才多艺，又是从英国留学回来的，1921年，陈嘉庚就聘请他出任所办的厦门大学校长。陈嘉庚看准了种植和加工树胶是极有前途的行业。1907年，他买了18万粒种子，在"福山园"开始套种在黄梨（波罗蜜）之中，至1910年，他的树胶园一下子就发展到1000英亩。但是树胶的种植需要七年的生长才能有产出，割皮、取浆、制胶，不但工序复杂，技术要求也很高，要进行大规模的生产，并使产品赢得国际市场的竞争，都需要干练的人才来组织和指挥才行。到1916年，他的熟米加工厂、菠萝罐头厂、租船办运输等行业的经营，已经积聚了四五十万资产，他早有"以办教育为职志，聊尽国民一分子之义务"的宏愿，为了进一步扩大经营、准备资本，把它付诸实践，他决心在树胶业上大干一场。

　　李光前在中华国货公司任职时，老板庄希泉曾经在一次筹备救济国内水灾灾民的聚会上，把随行的李光前介绍给陈嘉庚，夸耀他读过"红毛书"，当过工程师，是他国货公司的"大财库"。但那时陈嘉庚对光前还没有留下深刻的印象，后来一个偶然的机会，使陈嘉庚这位伯乐认识了李光前这匹千里马。

　　第一次世界大战之后，美国经济开始得到长足的发展。原先，他们从全世界树胶的主要产地——东南亚购得的树胶都是从英国洋行转手的，后来，精明的美国人企图摆脱老大哥从中盘剥，直接来新马地区购买树胶。有一次就派人来同这里最大的华人树胶厂商陈嘉庚洽谈生意。正当陈嘉庚环顾左右找不到一个精通"红毛话"且可与美国人周旋的职员时，李光前来到了他的面前。

那是前一天晚上他刚认识的年轻人。当陈嘉庚在小摊上打点心时，一场热带常有的雷阵雨瓢泼而来，这个年轻人主动跑过来借给他一把伞，并说，几年前就在中国来的轮船上认识他老人家了。陈嘉庚连忙表示感谢，并约他明天来家里把伞取回。遵嘱来取回雨伞的这位年轻人对老年人的谦恭和济人之急的精神，已经给他留下很好的印象，经过一番交谈，又联想起老友庄希泉对他的褒扬，说他的英文也很好，陈嘉庚立刻就想到，这是一个可用之才。于是陈嘉庚就把美国人来谈生意的事提出来，征询他的意见，希望他来协助自己办好这笔交易。

第二天，陈嘉庚出面向庄希泉借用李光前来和美国人谈生意，果然李光前很快就把事办妥了。就这样，陈嘉庚第一个把新马的树胶直接出售给美国人。有丰富经验的他，立刻就看到了，这是一条可以获得巨大发展的康庄大道。于是陈嘉庚便想方设法，劝说李光前转到他的谦益公司来。但是，李光前并没有马上就答应他的邀请。

原来，此时的李光前还一直想着当一名自食其力的工程师。他第二次离家南来时，在轮船上认识了林景仁和张福英夫妇。张父是印尼棉兰的企业家和侨领张鸿南，李光前专程到棉兰拜访他时，张鸿南对他印象极好，曾答应赞助他到香港大学深造。当时的香港大学已是闻名东南亚的学府，对于想得到一番深造的他，自然是很有吸引力的。所以对于陈嘉庚的热情相邀，他并没有立刻答应。正当他再次去印尼拜会张鸿南时，路上遇到了家乡来的一群"新客"（南洋的闽南话称初次出洋的华人为"新客"），述及发生水灾的惨状。故乡的落后，乡亲们的艰难，一时又勾起了他的沉重记忆。是啊，振兴家族，改造家乡，已是迫不及待的事了，前辈实业家又那么迫切需要他的帮助，他便打消了重新升学的念头，认真考虑眼前的实际。陈嘉庚十分爱国、同情革命，在社会上已经有很高的名望，经济上也有强大的实力和相当规模的企业，在他那里谋事，肯定比在国货公司单纯营商更有发展前途。从印尼棉兰回来后，他答应了陈氏的邀请。然而，在中华国货公司服务期限还没有满，按规定也是要交付赔偿金的。他小心地向庄希泉表达了自己的愿望。庄希泉是个通情达理的商人，又是陈嘉庚多年的老友，为支持陈氏的事业，提供了李光前发展的机会，就很干脆地支持他们，放弃一切要求，让李光前马上转到谦益公司。据庄希泉后来的回忆，陈嘉庚和李光前这两位后来的翁婿，事后都念着他的这一点情，多次对他的高尚风格表示过深切的歉意和谢意。

首创奇迹

陈嘉庚得了李光前,确实是如虎添翼了。1918年,谦益公司投资20万元,将米厂改建为制胶厂,把产品直接售给美国商人,当年就有了15万元的收益。精通华语和英文的李光前,正是把陈嘉庚公司推上国际舞台的头号功臣。

1919年,陈嘉庚所购的东丰、谦泰两艘货轮在欧洲战争中被击沉,他毅然决然,将保险公司所付的赔款70万元悉数投入树胶业,购下位于柔佛的哥打丁宜路的胶园1000英亩,以及2000英亩的空山,并把26岁的李光前提升为谦益公司树胶部的总经理,让他掌管胶业的全盘业务。

千里马也没有使伯乐失望。在陈嘉庚公司任职十一年,李光前最高的月薪是110元,而他为公司所创的业绩真是不可胜数。只要看看陈嘉庚先生在《南侨回忆录》所附的《个人企业追忆》里的简单数字就很能说明问题:

"谦益胶厂得利":1918年,15万元;1919年,80余万元;1920年,90余万元;1921年,90余万元;1922年,100万元;1923年,100余万元;1924年,90余万元;1925年,150万元。

到1926年,谦益各胶厂得到400多万元,胶园扩展到15000亩,每亩估值按最少价300元计算,可值450万元,扣固本320万元,可得利130万元。又三合园得利100万元,制造厂得利150万元,其他得利20余万元,合共得利800余万元。[1]

在谦益公司鼎盛的1926年,国外增设分店10多处,各地分

---
[1] 陈嘉庚:《南侨回忆录》,上海三联书店2014年版,第414页。

厂、分行有80多处，代理商有100余家，雇用职工共有3万多名。

陈嘉庚先生后来在回忆时高兴地写道："由50岁至52岁（按即1924—1926年）为一生中登峰造极、得利最多及资产最巨之时，依上言，三年计得利一千零七八十万元。"

刚刚过了而立之年的李光前，经过十年的奋斗，竟成就了这样一个名冠东南亚、涉足几大洲的巨型企业，这怕是当时的跨国公司乃至世界创业史上也少有的记录。他能够在不长的时间里，创造了这样的奇迹，绝不是侥幸成功，而是有着深刻的原因的。

初进谦益公司的时候，李光前还是一个单身汉，他住在胶厂里，穿着工作服，日夜与职工们为伍，睡的是工厂里的一个小屋子，里边只有一张简易的帆布床和一张小桌子。在市内走动，他每次乘坐的是最便宜的有轨电车，而且是票价最低的每英里一分钱的三等车厢。有一次，一位比他低班的同学，当年还是个穷学生，坐在二等车厢里，偷眼看到李光前学长坐的竟是三等厢，一时难为情起来，坐立不安，就怕直面老同学，连忙溜下车去。这是那位学弟多年后在回忆录里所写的故事。

在经营管理上，李光前虽然初次主持这样的大企业，但由于他用心学习，很快就都掌握得十分娴熟，举凡总厂和分厂的各种业务联系与工作章程，国内外市场的状况，与外商洽谈商务，向银行贷款等，他都能够应付自如。

经过三年多的考察，陈嘉庚对于李光前的踏实工作、俭朴的生活、勤奋的学习和灵活的思路，都有了十分深刻的了解，认定他是一个最有前途的接班人，心里十分钟爱他，就想把心爱的长女陈爱礼许配给他。那时候办婚姻大事，还是悉依旧制，由父母之命、媒妁之言而定。陈嘉庚便拜托他的知交、华商银行的董事薛武院向李光前提亲。当时陈爱礼还只有17岁，刚从南洋女中毕业，是个品学兼优的高才生。南洋女中的校长余佩皋是庄希泉的太太，庄希泉则是很欣赏李光前的老板。陈爱礼为人贤淑通达，李光前也曾接触过，有些印象。加上对陈嘉庚的敬重和感激，便欣然答应了这门亲事。

把爱女许配给李光前，说明陈嘉庚先生对他的赏识和信赖，想把家业交给他去掌管。事实上，这对后来事业的发展也确实起了很大的作用。结婚的时候，李光前连个像样的房子都没有。婚礼是在道南学校举行的，证婚人是林文庆，洞房则是女方介绍人萨中华主动借用的，那是位于嘉东区因峇路的一座小洋楼。

1920年，李光前先生与陈嘉庚先生长女陈爱礼小姐结婚典礼

单是人品好，翁婿通力合作，可能经营得顺利，却未必能创造出辉煌的业绩。这其中还不得不提到李光前审时度势的眼光和一往无前的魄力。

20世纪之后，汽车工业蓬勃发展，制造轮胎的原料——天然树胶一时成了抢手货。新马本来就是英国人霸占的"海峡殖民地"，英资于是大量流入马来亚收购树胶园，很快地，100英亩以上的大园坵大多都先后落入英商之手，殖民政府利用手中的威权规定：中小园坵出产的原胶，必须由英人所开的洋行收购。就这样，英商一手垄断了这里的树胶出口。树胶园原本是华工垦植起来的，许多胶厂也是华商创办的，据日本学者20年代的统计资料，那时的胶园还有四分之一到三分之一是华人经营的。在技术上，华人也占有明显的优势，当时马来联邦所出产的树胶占全世界天然胶总产量的40%～50%。然而，一旦看清了有利可图，殖民者就会利用自己的威权，把获得的渠道掌握在自己手中。陈嘉庚和李光前为了反抗这种出口的垄断局面，分析了国际市场的形势，决心和殖民者较量一番。经过多方努力，终于打开了直接向美国商人出口树胶产品的路子。李光前接手树胶贸易之后，正是利用了资本主义国家之间的这种矛盾，敢于投入国际市场的竞争，才使谦益公司获得巨大的成功，利润直线上升，事业蒸蒸日上。

为了在国际竞争中立稳脚跟，李光前还学会了投资银行业，利用银行的资金使树胶生产的周转更加灵便。1923年8月，陈嘉庚转售了100股面额1万元的华商银行的股票给李光前。华商银行是潮州帮巨商林义顺、福建帮林文庆等人于1912年筹办起来的，林义顺是陈嘉庚的儿女亲家，林文庆则是李光前的好友。陈嘉庚转让股票给李光前，一来是为了让年轻人同这些有实力的银行家建立更加密切的关系，二来也为了鼓励他向外作不妨碍谦益公司的发展。这是老一辈企业家对后辈的提携。果然，作为鼎盛时期的陈嘉庚公司的胶业总经理，平时又是信誉极好的年轻有为的干才，李光前在华商银行很快就受到欢迎和信任。不久，还以一个股票份额不多的新股东的身份，被选为该行的董事，从第二年起，光前又陆续扩大了股份。后来的事实证明了，李光前在华商银行的立足，不但为谦益的发展提供了有利条件，也为自己日后创办南益公司的成功打下了重要的基础。

此外，谦益公司的成功还与创办《南洋商报》这一业绩相关。该报是1923年陈嘉庚先生独资创办的。当时的谦益公司已经拥有15000亩胶园，30多家工厂，100多处代理商，每年的广告费集中起来和自办一家报纸的开支已经相去不远了，所以他决定自办报纸，变"买广告"为"卖广告"。果然，新办的《南洋商报》，不但效益好，在商界和社会上反响也很好，这对扩大嘉庚公司的影响以及扩大产品的销售都起到了重要的作用。

从中华国货公司到谦益公司的十二年，正是李光前风华正茂的青年时代，也是他走进社会、兴办实业的良好开端。一个穷孩子，既无社会背景，又无祖宗留下的资产，全靠自己的刻苦学习、诚实劳作和勇敢奋斗，竟在复杂的社会舞台和商业战场上，显露如此耀眼的锋芒，这是多么地不容易！十年树木，他像一株幼苗已经长成了大树。他高度的中西文化的素养就像深长密布的根系，遇上了东西接合部上这座肥沃的海岛，不断地吸取着两种文化的养分；他良好的作风和信誉像是繁茂鲜嫩的枝叶，遇上了赤道的炎阳，不断地创造出丰富的营养；他的脚踏实地，取信于民，则展现了这棵大树的挺拔、舒展的风格。

在陈嘉庚的公司里，李光前不但学会了一整套经营实业的本事，在和陈嘉庚的亲密接触、耳濡目染之中，深受老岳丈热爱公益事业特别是兴办教育志向的熏陶，这对于他日后在教育文化事业上的奉献，有极大的影响。

1918年6月8日，在筹办南洋华侨中学的会议上，陈嘉庚发表的演讲词有这么一段话："夫公益义务，固不能待富而后尽。如欲待富而后尽，则一生终无可为之日……财既由我辛苦得来，亦由我慷慨输出。公益义务能输吾财。令子孙贤，何需吾富？……须知贤而多财则损志，愚而多财则益过。"1920年11月30日，在筹办厦门大学的会上，他又进一步表示了倾家办学的意志："鄙人之所以尽出家产以兴学者，其原因有二，一，尝观欧美各国教育之所以发达，国家之所以富强，非由于政府，乃由于全体人民，中国欲富强、欲教育发达，何独不然？二，南洋实业日益发达，中国欲发达实业，南洋实为重要之地。……出家财之半或十分之三四，恐仍不能动其心，故将所有家财尽出之，以办教育，并亲来中国经营，以冀将来事或成功，使其他华侨有所感动也。"这种难得的精神，后来确实感动了许多人。

陈嘉庚说这些话时，李光前正在陈嘉庚公司服务，1920年招他为婿，这种精神很快就在李光前心中生根发芽，而且后来正是他，写出了更加辉煌的新篇章。没过几年,"倾家"之后陈嘉庚公司收盘,正是由李光前接续了厦门大学的经费,因为他采取的是"兴家办学"的方针,所以后劲更足,更能持久。从1927年起,李光前当了华侨中学董事38年,1934年起,担任董事主席18年,为这所新加坡当时最高学府的发展做出了更大的贡献。

第三章 大展宏图（1927—1937）

李 光 前 传

倾家的教训

如果说，李光前在陈嘉庚公司的业绩是一次成功的演习的话，他自建的南益公司，则是一场持久而复杂的奋斗，一番绝妙的开拓和创造。从1927年到1954年的27年间，他以不屈不挠的顽强精神与超人的智慧和才能，几经曲折，创建了一个现代化的、在世界性竞争中获得巨大成功的企业王国。陈嘉庚先生是他进入社会的引路人，创办实业的导师，而在发展实业、大展宏图上，李光前可以说是青出于蓝而胜于蓝的杰出学生。

李光前离开陈嘉庚公司，选择独立经营是被严酷的形势逼出来的。

正当新马的树胶业蓬勃发展的时候，1920—1921年间，发生了第一次世界大战之后的首次资本主义世界的经济危机。最大的树胶进口国——美国限制马来亚的树胶进口，胶价急转直下。1922年，英政府为了保护所垄断的树胶生产的利益，实行史蒂文森限制计划（Stevenson Scheme），把全马的树胶生产限制在原有产量的60%以内，短时间内胶价有所回涨。英国殖民者还把经济危机转嫁给小企业，树胶的生产配额主要用来照顾英人所办的公司，因为陈嘉庚的谦益公司当时是华人公司中规模最大的一家，当时还没有受到很大的影响。正当谦益公司蒸蒸日上的时候，一些目光短浅的职员见树胶市价好转，不满足于在谦益领取不太高的月薪，纷纷跳出去自营胶厂和胶市贸易。原来，陈嘉庚出于爱国情怀，扩展胶业还有着更长远的打算，想为祖国多训练些种胶、制胶的人才。陈嘉庚曾说："新加坡系产胶区域，政权虽属英国，所须男女工人概我华侨，对于化验制造各机，可臻完备，出品种类亦多，可以训练职员工人，如师范学校之训练学生，俾将来回国可以发展胶业。愚于个人营业之外，尚抱此种目的，故不惜资本，积极奋进。"可惜，"至谦益胶厂为去年（按即1927年）有厚利故，多位职员欲自出经营，外间亦有羡慕诱出合伙者。"字里行间，陈氏不无怨言。次年他又说："至于马来亚诸厂职员，出去作同业者亦多人，由是竞争益形剧烈，各厂绝无利可图，自欧战十余年来，入息多靠此途营业，兹乃如是变迁，前途甚为悲观。"（以上引文均见《南侨回忆录》）其间，集美同乡后辈陈六使离开谦益公司，出去自营益和公司便是一例。他原本是谦益公司新加坡厂的工头，到1927年，已经跳槽自营多年，颇为发迹，并成了谦益的竞争者。李光前为谦益的前景担忧，也为旧部的挑战不平。他不能像别人那样，跳出谦益公司而自寻出路，但也不能守住谦益同归于尽。经过极其周密的考虑和安排，他走了另一条两全的路子。

从1927年开始，李光前征得陈嘉庚先生的同意，在不妨碍他在谦益的职责的前提条件下，他和友人在蔴坡合营了一家加工树胶的烟房，就地收购生胶，制成胶片之后，再售给谦益做进一步的深加工。这就是最早的 Lee Rubber（李南益树胶）。这个小本经营，既积聚了李光前的资本，同时也为陈嘉庚的谦益公司提供一部分原材料，算是做到了两利。

这时，为了不把鸡蛋都放在一个篮子里，李光前也考虑着南益的发展。恰好有个树胶种植园的英国园主，为了返回老家，想把蔴坡的一片劣等的树胶大园坵（在坤兰乌汝附近）廉价拍卖。这片大园坵有1000多英亩，开价只有10万元。因为地段偏僻，常有老虎出没，生产效益不好，所以要拍卖甩包袱。李光前到实地勘察过，觉得有发展前途，拍卖的价格又低，想买下这个园坵。没想到和岳父商议时，陈嘉庚却断然反对，并说了一通不好听的话。李光前凭着他的阅历预见到了，公路必将兴建，虎害终会解除，这么大片的胶园，眼看是会涨价的。李光前终于下定决心，第一次违背岳父的旨意，买下了这片胶园，用家乡的名字把它称为"芙蓉园"。后来的事实证明了，李光前的决策是英明果断的。他以十万元买下这片"蔴坡园"之后，很快通了公路，虎患去除了，园坵的身价翻了两倍。不久就有人出价 40 万要买。对于这件事，民间曾有过"老虎也怕善人"的说法。确实，没有"明知山有虎，偏向虎山行"的胆略，是不会有意外的巨大成功的。这次小试牛刀的成功，使李光前大大提高了在企业界的声望。1927 年，30 岁出头的李光前作为福建帮的代表被选为中华总商会的董事。

后来，在英国资本的压迫之下，谦益公司继续亏损，陈嘉庚为了维持厦门大学和集美学校的办学经费，又把 175 股华商银行的股份全数转售给李光前。这时的李光前还是没有立即用这笔资金来扩充他的烟房业务，也不忍心离开谦益自谋出路。

在陈嘉庚受到打击的同时，他的亲家林义顺也不得幸免。林义顺，广东澄海人，是潮州帮的富商。1906 年参加同盟会后，受孙中山先生委派，与陈楚楠到南洋多国创建同盟会分会。袁世凯窃国后，孙中山逃亡日本，陈炯明、胡汉民等来南洋投靠林义顺，合办明美橡胶厂。由于"史蒂文森计划"的挤压，加上经营不善，1922 年之后橡胶厂经营困难，到 1927 年，树胶堆积如山，损失惨重，不得已把胶园和胶厂抵押给汇丰银行。正当汇丰银行向林义顺逼债时，李光前出面调停，让汇丰银行收购了林义顺的明美胶厂，林义顺为了感激李光前的帮助，则要求银行将胶厂租给李光前。由于李光前经常代表陈嘉庚与汇丰打交道，并且一向信誉表现良好，汇丰银行也十分信任他，便乐意接受这个方案。于是李光前租下了这些企业，并按照林义顺的要求，与其子林忠国（李光前的襟兄弟）合股继续经营。经过一番解释和说明，李光前得到陈嘉庚和同事们的理解，离开了谦益公司，自营南益公司。

由于同样的打击，陈嘉庚公司于 1931 年被迫让银行入股改组为股份有限公司，陈嘉庚由独资的老板变成与汇丰银行合资并受其控制的股东。后来各业仍旧无利可图，只好逐步收缩乃至最后收盘。李光前的南益公司又用同样的办法，以抽出利润供给陈氏所办学校的经费作为条件，先后收购了谦益在印尼的福东公司，租下它在新马各地的胶厂。例如租下巴生厂，约明所获利润，分出一半供厦大、集美两校作经费；买下饼干厂，则约明三分之二利润也用作两校经费，其他租用的各厂，除了追加月租金，也将所得利润抽出五分之一作为厦门大学和集美学校两校的办学经费。

李光前就是这样离开了陈嘉庚公司办起南益的。他在1961年一本未完成的"自传"里写道：至1927年，"当时余已辞卸谦益职务，仅对银行接洽来往一项暂为管理而已。……1928年厦，林义顺先生之明美公司与汇丰因限制取消存货损失事而生纠葛，余出任调解人。事息后，林先生乃欲想租洪水港厂之价转让与余承租，南益遂于1928年8月8日在新加坡成立，并即将该厂营业"。①

另据李成枫口述，南益正式挂牌是1928年8月31日，地址在罗敏申路112号。从事业上说，李光前的这种做法避免了谦益公司和明美公司在资本主义经济危机袭击下的全军覆没。那些大公司又是园坵种植，又是制胶生产，还需要经营销售，环节之多，人员之众，使它像一条笨重的大船在遇到大风浪时，无法调头回避。资本主义市场的竞争历来残酷无情，容不得半点犹豫和延宕。南益租用明美和谦益，确实是一种挽救颓势的最佳选择——去了几家旧的，保住一家新的。李光前不但使濒于破产的林家以南益的股份形式保留了一点家底，而且在实际上也帮助陈嘉庚先生接续了办学的经费。这和乘人之危实行兼并是完全不同性质的。

提起陈嘉庚先生，人们都为他的"倾家办学"而深深感动。作为嘉庚先生事业的支持者和继承者，李光前深刻地理解他办学的苦心，也真切地为他的"倾家"而痛惜。李光前不愧是清醒的新一代，既能接过可贵的筹资办学的传统，又能适应时机的变化，及时地改弦易张，走出新的路子。为了传承陈嘉庚先生的奉献精神，继续为社会作贡献，他痛定思痛，决心要变"倾家"为"兴家"，采取"养鸡下蛋"，而避免"杀鸡取蛋"。后来的数十年，他确实做到了这一点。南益发达之后，他奉献于教育卫生等公益事业上的金钱早已是谦益公司所奉献的

---

① 郑炳山：《李光前传》，中国华侨出版社1997年版，第44页。

几十倍乃至几百倍了。从陈嘉庚式的"倾家办学"到李光前式的"兴家办学",虽然只有一音之差,却也是可喜可贵的青出于蓝,这表现了他不但有奔向既定目标的坚定决心,而且有到达目标的长期打算和合理计策,明显也是高出一筹了。

艰难行进

新生的南益，还在襁褓之中就遇上一场大灾难。李光前是直到1929年才完全离开谦益专营南益的，从那一年起，又一场连续四年、席卷全球的经济危机到来了，欧美的工业一蹶不振。树胶的用途最主要是供作汽车轮胎。拿当时最大的汽车生产国美国来说，从1929年到1932年，汽车年产量由460万辆降至110万辆，减产四分之三。每磅树胶的价格，1928年是0.48元，1929年落为0.34元，1930年只有0.15元，到1932年只剩下0.07元了。每英亩树胶园在20年代中期最高值1200元，到1932年跌到剩下数十元乃至十几元。危机一来，英国殖民政府还是使用老办法，把灾祸转嫁到华侨企业身上。新马的树胶业本来正处于蓬勃发展之中，据《新加坡各业调查》记载，1928年仅在新加坡就有胶商126家，胶厂37家。1930年华侨经营的树胶种植园则有130万英亩。几年之间，华侨中小企业像秋风中的落叶飘下，纷纷倒闭了。1933年华人胶园只剩下75万英亩，在新马胶园总面积中从三分之一降为四分之一。连兴盛一时的陈嘉庚公司也不得幸免。1930年，他还拥有胶园4000多英亩，实有资产500多万元。1931年8月，陈嘉庚由于亏损，拖欠英人银行100多万元，被迫改组为有限公司，汇丰银行经理公然威胁他说："我英国之利不容他国人染指！"并不顾陈嘉庚的反对，让英商以贱价收购陈嘉庚公司的胶厂和胶鞋存货，这使陈嘉庚公司宣告收盘，实则破产。在新马的树胶业界，真是一片万花纷谢的惨重局面。

从兴盛的谦益公司到艰难的南益公司，李光前从顶峰跌到谷底。这是他一生中遭到的头一次沉重的打击，也是对他的一次严重考验。事实证明，昨天他没有因胜利而骄恣，今天他也没有因困难而气馁。烈火见真金，刚刚跨过"而立之年"的李光前就表现出一个大企业家的可贵品质。

那么，李光前是怎样度过这艰难的四年的呢？

他每天凌晨4：30就出现在胶厂，身穿背心和"黄斜布"短裤，脚上是长筒袜和运动鞋，身先士卒，和工人一起劳作。他和员工一起想办法，千方百计降低消耗、提高生产效率。例如，扩大烟房和火灶，把烟房的木墙，改为水泥墙，改进流水型生产线，所有这些，都是节省劳力、提高功效、降低成本、提高产量的有效措施。再加上一系列的技术革新，在当时新加坡的三四十家炼胶厂之中，南益生产的胶片质量最好，而生产成本也是最低的。

在整体的经营方针上，李光前采取稳扎稳打、固守阵地的方针，坚持专营制作和销售树胶，而不去收购园坵和经营树胶的种植。因为种植业投资大，使用人员多，生产环节复杂，周期又长，不便于资金周转。在经济不景气的时候，这样的经营往往成为沉重的包袱。就像一艘尾大不掉的笨船，驶入狭小、曲折的港湾，难以回旋。当时的许多同行就是背着大片种植园而周转不灵、招致破产的。初创办的南益公司，直接向中小园主收购胶液，烤制之后迅速出手，资金周转十分灵便。为了保证原材料有稳定来源，他在新马、印尼、泰国等地建立了庞大的收购网点，和马来人、华人中的小园主建立稳定的联系，收购树胶原料时，一概用现金交易，从不拖欠，这就使得小园主们也乐意把原材料卖给南益。南益公司就是在这个最困难的时期把根系向东南亚各国伸展开去的。后来，他又从陈嘉庚公司先后接过了黄梨公司和饼干公司，采取同样的经营方式，干一样成一样。这些稳产稳销并直接为民生服务的轻工业，很快就和炼胶、售胶业形成了互相补充、互相调剂、互相促进的关系。就这样，南益公司艰难地，也是成功地走出困境，并且得到了健康的发展。

在经营作风上，李光前历来讲究思想上的诚实和信用，行动上的严明和谨慎。他把"诚实、信用、严明、谨慎"提炼成"八字箴言",把它看成是企业的生命线,一再告诫职工努力遵行,必能获得成功。为了树立南益的信誉,在商业经营中,他坚持两条措施:一是现金交易,保质保量;一是杜绝投机倒把,实行薄利多销。由于把有限的资金集中在制胶、售胶上,他做到了周转灵活,从不拖欠合作方的一分钱,从中小种植园主进货乃至委托办理职工的伙食,一概支付现金。因此,南益公司的收购和销售之路都是一路畅通,越走越宽,经久不衰,正如大管家李成枫总结的,许多同行称赞说,这是最有效的"银弹政策"。

　　短斤少两、以劣充优、囤积居奇、投机倒把,在资本主义性质的经营之中,几乎是天经地义的生财之道,李光前所掌握的南益公司却视之为瘟疫。李光前就曾为此立下戒律,并且严加执行。一经发现有质量不符的商品出售,立即退赔。各分厂的产量、销售额实行每日汇报制,任何投机倒把的行为都能及时发现并加以制止。一旦发现职员违反这些戒律,立即予以教育、纠正,重者调换工种(但不予开除)。这种诚信风气和严谨纪律很快就形成了南益公司的经营作风,并在社会上获得了崇高的信誉。客户们都十分放心并愿意以优惠价同南益做生意。从收购到销售乃至服务行业,南益的运营渠道都十分畅通。良好的生产效益和社会效益又反过来使职工们得到稳定收入和良好评价的好处,从而建立了自豪感和责任感。这就是经营作风和生产效益形成的良性循环。这种良性循环是成功的大企业不可缺少的生态环境,使企业的大树不但有发达的根系,而且能"咬定青山不放松",使它能在任何狂风暴雨面前不动摇。正是这样,南益公司面临着严重的经济危机,在周围万花纷谢的时候,还能有几分欣欣向荣。

　　资金对于一个大型企业来说是另一条生命线。南益创建初期,为了取得比较雄厚的资金,采取合股经营的方式。1931年12月,南益橡胶有限公司(Lee Rubber Co. Pte Ltd)注册资本50万元,先后吸收了叶玉堆、李丕树、杨金殿、李瓦木、李五香等人的股份,李光前家族则拥有全部股份的三分之二。后来李光前又进一步投资金融业,筹办新的华侨银行。这一措施不但使华人社会的资金能够整合成为一个整体,增强了在经济危机中的竞争力,也使南益公司获得了更加强大的资金后台。

经过艰苦的工作,在李光前的努力奔走之下,1932年,新加坡三家华人所办的银行——华商银行、和丰银行和华侨银行合并为新的华侨银行。协商之后,由原来三家银行各派6名董事组成新的董事会。原和丰银行的徐垂青任董事会主席,原华商银行的李光前为副主席(1937年起,李光前接徐垂青为主席)。合并后的总资金达1200多万,比原来各自的三五百万显然雄厚多了。1953年,该行21周年纪念刊说:"合并乃是三家银行董事和股东的共同愿望,而非任何一行吞并他行,其主要目的是要在全世界不景气之秋减少一些费用及不必要的竞争,同时集中三行的资源和经验,给大众以更好更周到的服务。"果然,新办的华侨银行受到南洋华人的普遍欢迎,分行很快地遍布东南亚各国,成了南洋影响最大的银行之一。陈维龙在他所著的《新马注册商业银行》(新加坡世界书局,1975年)一书中对此曾有过很高的评价:"这个合并不但是马来亚华人银行史上的一件大事,它也是一种重大的试验,它的成功显著地证明主谋者的魄力、眼光和智慧,以及那班完成这一计划者的刻苦耐劳和牺牲的精神。"

由于经营得当,又获得了可靠的资金来源,南益公司终于渡过了难关,不但站稳了脚跟,而且得到了发展。可见,艰难困苦、突发的灾难就像一场烈火,可以使人遭到覆灭,也可以把人锻炼成真金。经过了这场经济危机的洗礼,南益公司就像一条蟠龙,时机一到就会腾飞的。

跃然腾飞

1934年，市场开始复苏，胶价也逐渐回升。在四年经济萧条的境况下，南益不但没有被压垮，反而不断下伸，有所积聚。陈嘉庚收盘之后，李光前用租赁、收购的形式接过了陈嘉庚的大部分企业，"肥水不流别人田"，他实际上是继承并发展了陈嘉庚的事业。1934年1月15日，南益总公司迁进了朱烈街大厦。

从1934年到第二次世界大战爆发的几年间，李光前抓住大好时机，不断地扩展南益公司。

单丝不成线，独木不成林，为了增强企业在资本主义竞争中的实力，他总结了正反两面的经验，极为重视资本和企业的联合。在1932年促成三家华侨办的银行的联合之后，1934年，李光前参与了筹组"树胶商会"。1935年他又倡导了槟榔屿三家最大的华侨树胶公司的联合，把大成、万和美和南益联合成"南成美树胶有限公司"，这也是马来亚华人胶业空前未有的大规模的合作。

为了扩大投资，李光前除了把南益公司改组为股份有限公司，除了吸收其他华人资金作为股份，还充分利用华侨银行的资金进行周转，并注意利用外国的资本。他先后向汇丰银行透支了大笔款项，例如1934年透支21.5万元，1936年又透支15.5万元。因为他周转灵、信誉好，每次透支都是一路绿灯。李光前认识的一个英国殖民政府的官员退休了，回国之前，曾后悔地对他抱怨，因为少在银行存款，现在要走了，只有一点点利息。李光前回答说，"我历来只给银行交利息，从没有领到银行发的利息，你老兄还比我强呢。"

由于资金充足，除了重点发展树胶业，南益公司还发展了多种经营，在更新设备、采用新技术上，在经营管理上，也有许多新招。有了这些努力，南益公司跃然腾飞了。到二战前夕，在树胶生产方面，南益公司在新马的麻坡、芙蓉、吉隆坡、安顺、马六甲等地设立分栈，在印尼的巨港分公司之下还进一步设立占卑、马辰、坤甸分厂，棉兰分公司则有五齐冷沙、实武牙、阿沙汉、兰多等分厂，形成了一个庞大的企业集团。这其中还包括新加坡大型胶厂 4 家，马来亚分行和胶厂 20 家，还有印尼大型胶厂 7 家，泰国大型胶厂 1 家，单是分行和胶厂的职工就有 2000 多人。在销售方面，南益则建立直接向欧美出口的渠道，在伦敦和纽约两大树胶销售中心都设有代理。在种植业方面，在新马两地的胶园和黄梨园约有 3 万英亩，工人 3 万多。此外，还有日益扩大的黄梨加工厂和饼干厂。

这时的李光前已经成了新一代的树胶大王、黄梨大王和最大的银行家之一。李光前拥有雄厚的经济实力，并且诚信闻名、乐善好施，在华人社会中获得极好的声誉，成了继陈嘉庚之后的年青一代华侨的领袖人物。他先后担任的几个职务便是这种地位的标志。1934 年起，李光前出任最负盛名的华侨中学的董事长。1937 年起，他担任华侨银行的董事会主席。不久，1939 年他又被委为华人参事局局员并被选为新加坡中华总商会会长。

新加坡华侨中学是 1918 年由陈嘉庚先生发起筹办的，初名"新加坡南洋华侨中学校"，首届董事包括当时各华文小学董事会总理和各帮领袖人物，共 55 人，陈嘉庚被选为董事会总理。1919 年 3 月，这所南洋首家华文中学正式招生开办。历任总理（30 年以后改成主席）都是由知名的华侨领袖担任，除 1923—1927 年和 1930—1934 年这两段时间由陈嘉庚担任，任过此职的还有林义顺、林推迁、杨缵文、陈延谦、胡文虎、李振殿等人。1934 年，李光前承继陈嘉庚担任董事会主席后，立即清还华侨银行贷款 7 万元，为购校舍、装设备尽心尽力，还为推行国语教育进行宣传动员。1939 年，在华侨中学建校 20 周年庆典上，李光前曾有热情洋溢的讲话：

自民国成立后，南洋华侨小学教育便更形发达，吾侨子弟卒业小学后，负笈于闽粤江浙及南北二京者，数虽不少，而大多数之青年，大苦升学无门，则设立一中学以利华侨优秀子弟之进修实属刻不容缓之举也。吾数年之提倡酝酿，华侨中学遂于民八年告厥成立，全体学生凡78名，海外华侨教育至是乃大放异彩。

盖以前各小学者以方言教授，而本校为欲使各省区华侨子弟获得聚首一堂，受完备之中华民国中学教育……规定以国语为教授用语，此后南侨教育更上上有其破天荒之位置也。

当此20周年纪念之日，光前追怀往日，瞻望来时，希望吾侨胞本当年通力合作之初衷，更竭智尽虑，同心培养此艰难缔造之硕果，使之茁壮滋长，开遍青年之花，在此炎荒之南国，更表现其宣扬祖国文化之重大使命。①

1940年，李光前先生又独资捐建国专科学馆，战后又独资捐献11万元创建国专图书馆，并献资8万元扩建科学馆，此外还先后捐助教育经费50多万元。到1955年6月辞职，李光前连续担任华中董事会主席21年之久。这期间他出钱出力，任劳任怨，为华中的发展做出了巨大的贡献。建校70多年间，华中的各类毕业生近2万人，在新马各界都发挥了举足轻重的作用。为缅怀创办人陈嘉庚和担任董事会主席历时最长的李光前的光辉业绩，华中校园里先后铸造并树立了他们二人的铜像。1984年3月，在建校65周年之际为李光前所塑造的半身铜像的底座刻有如下碑文：

李光前先生（1893—1967）

公元一九一九年创立之南洋华侨中学，于一九三四年赞助人大会，公举李光前先生为董事会主席，连任十六届，凡二十一年。当此期间，

---
① 《南洋商报》1939年3月21日。

华中历经艰难险阻，其能弦歌不辍，以有今日之规模与声誉，先生所费心神，所给予之经济支持，皆最巨大。同人追念先生丰功盛德，用敬范金铸像，永资纪念而垂不朽。

华侨银行是1932年由三家华资银行（华商、和丰和华侨）合并而成的，在合并过程中李光前立下汗马功劳，这位不满40岁的青年实业家被推为董事会副主席，5年后接徐垂青担任主席，直至1965年患病才辞去该职。在近30年的艰苦历程中，尤其是在开办初期遇上国际性经济危机的时候，李光前以无比坚毅的精神，排除万难，克服干扰，使这家华人银行得以生存和发展。在现代资本主义竞争中，产业资本如果不能与金融资本相结合就很难立足，更不能得到发展，尤其在殖民主义的压迫下更是如此。新马及南洋各地的华侨走过数十年上百年的艰难历程后，终于逐渐理解了这一点。在许多企业家中，李光前不愧是先知先觉者，他最早认识金融运作的规律，并且致力于发展华侨金融资本。逐渐发展壮大的华侨银行，是30年代华侨经济健康发展的一座里程碑。李光前正是建立这块丰碑的元勋。

可见，李光前成为新马华侨界的领袖人物，是货真价实的。在后来的艰难岁月里他也确实发挥了领袖人物的巨大作用。

第四章 烈火真金（1937—1947）

李光前传

投入救亡

正当李光前先生的事业蒸蒸日上的时候，日本侵华战争爆发了。从青年时期就立志振兴祖国的他，现在虽然走上了发展实业的道路，爱国热情却丝毫没有减退，他一开始就全力以赴地投入抗日救亡的斗争。

1937年卢沟桥事变后的两个多月里，新马的华侨社会很快就自发成立了200多个抗日救亡的群众团体。为了联合这些团体、有效地组织救亡活动，李光前和叶玉堆、李俊承、陈六使等人相约前往怡和轩俱乐部，晋见德高望重的陈嘉庚先生，请求他出面领导筹赈活动。经过商议，他们决定由中华商会出面召开全星侨民大会，推举陈嘉庚为临时主席，并决定于10月10日成立马、新华侨筹赈祖国伤兵难民大会委员会(简称"筹赈会")。在筹赈会的首批筹款中，李光前率先以最高数额认捐了10万元。在东南亚，新马的华侨最集中，又地处交通要冲，从这里点燃的抗日救亡的火苗，立即向南洋各地蔓延。一年之后的1938年10月10日，就在李光前主持校董会的华侨中学礼堂举行了南洋各属华侨筹赈祖国难民总会(简称"南侨总会")，东南亚各地有168名代表出席了成立大会。从此，南侨总会实际上成了南洋华侨救亡运动的领导机构。

早在1931年"九·一八"事变之后，李光前掌控的《南洋商报》，每天用三个版面报道战事发展，控诉敌人罪行，颂扬抗日军民的爱国精神，出"号外"，写评论，号召海外华侨在国难当头的时候，要挺身而出，有钱出钱，有力出力，抵制日货，购买国货，在社会上发挥了极大的宣传教育和动员组织的作用。《南洋商报》是当时新加坡影响最大的华文报，原是陈嘉庚在1923

年创办的。1932年，陈嘉庚公司在经济危机的打击下无法维持，便交给李光前兄弟及林庆年、叶玉堆、侯西反等人接办，注册为有限公司。1937年起，李光前增资扩办，自任董事会主席，其弟李玉荣任董事兼总经理，至1939年又与《新国民日报》合并，每日出六大张早报，两大张晚报，单是早报的销量就有1.8万份。版面除了本埠新闻、南洋新闻，还有中外要闻、经济要闻、闽粤地方新闻等。张楚琨编辑回中国采访抗战新闻时，按董事会指示，向周恩来请求派个高手来担任编辑部主任。后来，周恩来派来了富有经验的民盟要员胡愈之到新加坡。

胡愈之（1896—1986），浙江上虞人，曾就读绍兴府中学堂，1914年为商务印书馆实习生，自学英、日文并发表著译。1915年为《东方》杂志编辑发表评论，1919年因声援五四运动，反抗国民党而流亡法国，1922年参加民主同盟。1931年与邹韬奋合办《生活》周刊，1936年协助邹韬奋创办香港《生活日报》。策划出版埃德加·斯诺的《西行漫记》及《鲁迅全集》。1940年在新加坡办《南洋商报》，后创办《南侨日报》，新加坡沦陷时曾避难印尼。1948年，胡愈之回中国，《光明日报》创刊时任主编，并主持民盟中央工作，历任出版总署署长、世界语协会理事长、文字改革委员会副主任，全国人民代表大会常务委员、副委员长，中国人民政治协商会议委员、副主席。

1940年胡愈之到达新加坡之后，立即主持《南洋商报》的笔政，经常撰写社论，宣传抗战到底，提倡民主政治。由于他文笔犀利、观点鲜明、逻辑严密，所写文章深受读者欢迎，一直到沦陷时停刊，始终牢牢掌握着正确的舆论导向。该报在宣传抗战、组织群众上发挥了极大的作用。

1939年，李光前第一次被选为新加坡华侨总商会的会长。

新加坡中华总商会成立于1906年（初名中华商务总会，1915年易名），在新马的各种华侨社团组织中，它是最重要的一个建立在诸多地缘（帮派）基础上的业缘组织。数十年间，它不但在团结华侨、保护华商权益方面做了大量工作，而且在创办华文学校及公益事业方面，在支援中国革命以及沟通华侨社会与当地政府及中国政府的关系上，都发挥了十分重要的作用。中华总商会在整个华侨社会一直有广泛的影响和崇高的威信，俨然是华侨社会的最高领导机构。每届会长和理事都是资本雄厚、热心公益、为人正派的领袖人物。李光前第一次任中华总商会会长时正是国难当头、任务最为繁重的时候，他以极大的爱国热情投入了这项工作。当时大敌当前，各帮派的侨商也空前团结。在他的领导下，总商会积极支持、密切配合着南侨总会的各项活动，在筹集赈款，抵制日货，以及后来为滇缅公路上的军需运输，征募汽车驾驶员和机修人员回国参加抗战等方面，都做出了重大贡献。

陈嘉庚的《南侨回忆录》在"马来亚华侨与义捐"一节里曾有这样的记录："新加坡原认常月捐国币40万元，然每增至50余万元至60万元。"（343—344页）

二战初期，李光前已经在美国创办了南益的分公司，为了支持反法西斯战争，他通过这家公司向美、英、法等国供应了大量的树胶等战略物资。

高尚情怀

新加坡沦陷前夕，李光前刚好在美国参加国际树胶会议，临行时，夫人陈爱礼深为时局紧张不安，建议带上几个小儿女同行。果然，到美不久，1941年太平洋战争爆发，12月，日本攻占新马，从此，新马沦陷了3年9个月，他们一家数口只得滞留美国。

1941年12月8日，日本侵略军在马来半岛北部登陆，郁达夫、陈嘉庚先后在《星洲日报》发通告，动员同胞参加抗战。只管搜刮的英国殖民者节节败退，1月底退守新加坡。2月1日，星华救济会组织了华侨义勇军英勇抵抗，不到半个月，英国统治者竟然解散了义勇军，于2月13日向日本侵略者投降。日军占领新加坡后，先是进行了疯狂的屠杀。1942年一开始，就对四五万人进行"验证"，凡是抗日义勇军、共产党员、"私藏军火者"、"反日分子"，一概枪决，一下就屠杀了5000多人。有人做过不完全统计，先后被日军杀害的人数达15万。以华人为主体的马来亚共产党组织了"人民抗日军"，退入山区进行三年多的英勇抵抗，作出了巨大牺牲。

占领新马后，日本侵略者筹备傀儡组织，为之搜刮高达550万的"奉纳金"。许多华人企业的资产遭到没收。因为李光前在南侨总会的辛勤工作和巨大影响，他名下的南益公司的所有胶厂和园坵也被作为"敌产"没收。工厂设备破坏殆尽，树胶林被砍伐当做柴薪，园坵长满了野草，百万家业顿时成了一片焦土。他的次子成智则被捕入狱。

隔着太平洋，眼看自己辛勤经营得来的家产化为灰烬，李光前当然是痛心的，但是在那些悲惨的日子里，最使他心焦的还是祖国大片国土的沦丧以及新马同胞所蒙受的灾难。他日夜不停地收听广播，时刻记挂着中国和南洋的战情。他的饮食习惯历来十分清淡，平时不但烟酒丝毫不沾，在盛产咖啡的南洋，也从不喝咖啡，但那时，为了打起精神、坚持听收音机，他学会了喝咖啡并上了瘾。

在国难当头的时候，他没有悲观丧气，而是含着国恨家仇，投入反法西斯的斗争。寓美期间，他曾在哥伦比亚大学为美国军政人员的训练班上课，讲授东南亚的历史、地理，介绍风土民情，为训练盟军的抗日部队，他发挥所长，尽了自己的一分力量。他还积极参加世界红十字会美国分会的工作，发动和组织中国侨民捐款救济抗日的伤兵和难民。

李光前也没有忘记那贫穷落后的家乡，在炮火声中他还在筹划着为家乡办学。早在1934年，他接任新加坡华侨中学董事主席后，看到陈嘉庚先生和自己培育起来的华侨中学一派欣欣向荣、桃李芬芳的景象，想起芙蓉故乡至今没有一所像样的新学堂，而当时的南益也已渡过难关，正在逐渐发展。1936年他就决心发扬陈嘉庚的精神，为家乡办一所新式学校。当时，他的得力助手李成枫回乡为母送终，光前让成枫带着一笔钱，想交给家乡士绅们着手办新式小学。但是没想到，当时的士绅多半仗势贪财，又无办事能力，扬言"钱来了，你们就不必管了"，无奈之中，李成枫只好把几万元汇单又带回新加坡。次年，在陈嘉庚先生的帮助下，李光前委托了富有办学经验的集美中学的校董陈村牧代办此事。陈村牧先生又商请他的好友伍远资先生负责具体的筹办工作，还陪他前往芙蓉乡进行各方面的考察，请他出任国专学校的校长。

陈村牧（1907—1996），金门人。1931年毕业于厦门大学，1934年任集美中学校长。1936年应聘马来亚蔴坡中华中学校长，途经新加坡时，被陈嘉庚盛情劝说，又返回集美学校任董事长，除原有的小学、中学之外，又陆续办起师范、水产、航海及商业等校。厦门沦陷期间，他把有的教学班迁往闽南农村继续教学，光复之后，又增办了大专。在他的辛勤耕耘下，集美各校都发展得很好，培养出大量革命者和专家学人。

伍远资（1900—1970），出生于南安县石井乡，1920年毕业于集美师范学校，1926年出任厦门大同小学校长，后考上厦门大学国学院的在职研究生。他所办的大同小学成了全市模范小学。1937年，他在接受了国专学校的筹备工作之后，经过一年多几经曲折的艰苦工作，芙蓉乡国专小学于1938年正式开办。开始时，因陋就简地在祖祠里或荔枝树下搭建的草棚中上课。至1940年春，国专小学为了方便孩子上学，按自然村分设四校，全面完成基建并扩大招生。1941年春，学校保送了21名首届毕业生到集美中学升学。没几年，这株幼苗竟在烽火之中开花结果了。这些消息传到美国，给了焦虑之中的李光前莫大的安慰。

1937年8月，李光前先生为国专小学奠基题立的碑石

1943年，正在抗战最艰苦的时候，伍远资领导的国专学校校董会，建议创办初中部，使芙蓉学子能够就近升入初中，接受中等教育。李光前欣然同意。为了催生这株新苗，他总是想方设法节衣缩食，汇点钱由重庆转寄南安。有一次，想起数日没有汇款了，手头又缺少现金，他甚至变卖杂物，连手上现用的钢笔、手表也搭上了。日本一投降，他立即委托在上海的老同学陈维

龙，把他在上海的一部旧汽车和一些衣物变卖的钱，寄往故乡充当创办国光初中的经费。

提起李光前，谁都知道他是一个出色的企业家，一个百万富翁，可是真正能知道他把万贯家财视为身外之物，时刻惦记着国家、社会和人民的高尚情怀的，怕就不太多了。

战后，李光前于1945年12月回到新加坡。面对一片废墟，这位年逾半百的铁汉子，以其非凡的毅力，坚忍不拔地投入重整家业、恢复生产的艰苦工作之中。自己赚钱事小，数万人等着南益要生计呢！好在过了不久，1946年，李光前的长子成义也从美国宾州大学华盛顿金融学院毕业归来了，立即成了他的得力助手。南益的数千职工本来就团结得像个大家庭，经过一场浩劫，更加同仇敌忾，富于奋斗精神。它在各方面建立的崇高信誉和密切关系也很快发挥了良好的动员和协调的作用。全面恢复生产的各项工作进行得比较顺利。

然而，当时不但工厂和园坵被夷平，员工们也被日本人榨干了血汗，挣扎在饥饿之中。在这种情况下，重建企业无异乎起死回生，没有足够的资金是寸步难行的。李光前以超人的胆略，于1946年一次性就向汇丰银行贷款300万元。这个天文数字竟引起汇丰银行总部的震惊。为此，他们专门派人前来新加坡考察贷款的背景和生产的现状。来人见到在满目疮痍的境况之下，南益集团上下贯通、内外协调，生产和销售的各个环节，都正在迅速地恢复，深为感动，也十分放心地批了贷款。果然，后来货款期限一满，南益公司没有拖延一天，就如数偿还清了。有了这些因素，南益的生产和销售事业的恢复比谁都快。

在恢复南益事业的同时，李光前没有忘记艰难中的同行。在同行企业中，他历来不做"乘人之危""大鱼吃小鱼"的竞争和吞并，而是以义取胜、以仁为怀、助人为乐，以达到共同进步。他告诫同行们要以质取胜、力图发展。在出席国际树胶会议时，他总是为大家争取合理的价格，寻求更大的市场。

因此，在企业界和社会上都获得了崇高的威信。战前，他就担任过新加坡树胶分会的会长多年。战后他又到欧洲出席国际树胶会议，到处奔走考察树胶市场的状况，为新马胶商谋求最好的出路。1947年后，美国当局为鼓吹使用人造胶，故意压低天然胶价格时，李光前一再发表谈话，摆出事实，严词驳斥，据理力争。从这里可以看到，李光前先生创办实业，绝不是斤斤计较一己的私利，而是历来怀抱着"万紫千红总是春"的大度胸怀的。

1946年，李光前一年多恢复生产、疗治战争创伤的出色工作，深深感动了华商界的同人，他再度被推为新加坡中华总商会的会长，并兼任马来亚中华商联会的第一届主席。他担任社会工作，历来不愿意只挂空名，指手画脚，而总是认真负责地埋头苦干。这次再度出任总商会的领导，面临的又是百废待兴的困难局面。经过战火洗礼的李光前，更是充分地展现了他的宽广的胸怀和超凡的气度。

重新当了总商会会长不久，李光前就对改革各项事业、发展华侨经济的一系列问题，发表了许多精辟的见解。在1946年10月2日接见中央记者时，他说："战后世界经济已进入和平竞争的阶段，我华人侨居此间从事经济活动，再不能固执往昔一般侨胞所抱守'富贵不还乡如衣锦夜行'之态度，将南来之经济任务视为换取生活和单纯之赚钱，这是非常错误的。吾人应该积极共谋整个华侨经济之发展，与世界经济相结合。以马来亚华侨经济立场而言，吾人应先和各民族取得友好的关系，和各民族共同携手合作，以排除外在困难，最紧要是华侨间先有坚强之团结，始能谈到各族合作和发展。其次，华侨于从事经济活动之外，应负有一种宣传中国文化之任务，提高当地社会文明，争取国际地位。"他认为，"一个国家是可以由各种民族联合组成的。几个文化系统的民族共同组成一个政体，是很平常的事"。①

光前先生70多年前说的这段话是值得细细体味的。时至今日，还可以

---

① 《星洲日报》1946年10月2日。

说，确实，东南亚的华侨经济，长期以来是受到"谋求生计、养家糊口、显祖荣宗"的狭隘观念所支配的。在当时，觉察到这种传统观念对发展事业的局限的人并不多。李光前关于"华侨经济"应与世界经济相结合，关于弘扬文化、创造文明的思想，关于必须加强华侨之间以及各民族的团结的思想，这是高屋建瓴而又切中时弊的崇高思想。

铁蹄下的生活使许多中国人得到了深刻的教育。不论是在中国，还是在东南亚，面对着日本军国主义的屠杀，不分民族、不分党派，大家同患难，共战斗。面临着战后的艰难困苦、百废待兴，许多人更是体会到了，不能再是"一盘散沙"了，应该像战时那样团结起来，改造这恶劣的环境、共度艰难的岁月。在新加坡舆论界，发出了一阵阵团结的呼声。一批有识之士还站出来筹划，希望组织大一统的华侨总会。李光前就是其中一位。

新马的华人社会是一个移民社会，千百年来，祖国的政府关顾不上，后来在当地把持政权的西方殖民者，只知道压制人民、掠夺财物。华人只有依靠自己，组织起来，经过合法的斗争，保护自己的权益，才能得以生存和发展。于是旧时的老办法都搬出来了：按血缘关系组织起来的以姓氏命名的宗亲会，按地缘关系组织起来的会馆，又有按省籍分的福建、广东等会馆，按州府分的嘉应、潮州、琼州等会馆，按县级分的番禺、永春、永定等会馆，还有按方言分的帮派：说闽南话的福建帮、说潮州话的潮州帮、说广东话的广府帮、说客家话的客家帮，还有福州帮、兴化帮、海南帮等。此外，还有按业缘关系组织的同业公会、行会，以及地下串联组织起来的秘密会社，真是层出不穷，五花八门。其实，这样的帮派以往也只能解解小急，大事一来仍无济于事。在现代社会里，它越来越成了落后的东西，特别对于发展经济、经营现代化的大企业，并没有多少积极的作用，有时还会因为利害关系造成矛盾，互相掣肘，甚至摩擦、分裂，产生一些不利的影响。作为一个有雄才大略的企业家，李光前早就看透这一点。虽然，由于习惯的势力过于浓重，加上当时国内政治上的斗争和对立，割除帮派，成立华侨总会的倡议尚未能实现，李光前在再次出任中华总商会的会长时还是再三地奔走呼号，希望在总商会找到大联合的突破口。1947年1月7日，他倡议改革中华总商会的董事先由各帮派票选的旧制，主张按行业分别推选董事(《石叻公报》)，两年后他又在董事会上苦口婆心地呼吁："商会成立四十余年，不能脱离帮派制度羁束……时至今日，此项观念实陈旧，现代之银行及有限公司断不能限于帮派之范围内而经营。"①

日本的经济学家松尾弘在他1961年出版的《马来亚的经济与华侨》一书里曾指出，阻碍东南亚华侨资本向资本主义产业资本发展的有三个因素：(1)它是"移民资本"而不是"殖民资本"或"国家资本"，未能得到政治上的支持；(2)缺乏筹集资金的金融机构；(3)各种血缘各地缘的帮派的局限。现在看来，第一个因素是无法改变的客观因素，至于后两点，李光前早就看在眼里，急在心里，并且做了许多努力。他再三呼吁铲除帮派，实现华人社会的统一和团结，这充分表现了他宽广的胸怀和深远的眼光。

关于弘扬中华文化与加强各民族团结合作、共同提高社会文明程度，也是一个深有远见的说法。50年后，王赓武在他的《中国与海外华人》一书中，就有十分类似的提法："文化认同概念包含有民族国家可与多种文化并存的意义；如果各族人民的文化受到鼓励保存下来，并在国家的框架中继续发展，就可以大大丰富新的民族文化。"②

---

① 《星洲日报》1949年2月11日。
② 王赓武：《中国与海外华人》，香港商务印书馆1994年版，第240页。

第五章 再攀高峰（1947—1954）

李光前传

高瞻远瞩

第二次世界大战是人类的一场灾难，但是，在亿万民众反抗法西斯的浴血奋战中，暴露了帝国主义、殖民主义的罪恶，促使了人民的觉醒。经过这场战争的洗礼，殖民地人民觉醒之后，民族独立的呼声四起，东南亚也不例外，数年之间，新马经历了一场尖锐的政治斗争，这就是反对殖民统治、争取民族独立的民主运动。

这时，身为新加坡中华总商会会长和马华商联会主席的李光前不可避免地卷进了这场战斗的漩涡。

这场斗争是一场新马要建立什么样的国家的斗争。早在1946年初，英政府就发表了白皮书，抛出"马来亚联邦"（Malayan Union）计划。这个计划基于"出生地主义"（Jus Soli）比较广泛地准许已经在新马定居的华人取得公民权。可是这个计划引起了马来人的强烈反对。由于民族主义的抬头，马来人企图保留自己的特权。英政府大概不是出于惧怕马来人的势力，而是选择了"以巫制华"的方针，立即和马来人上层分子密商，成立"宪制工作委员会"，于1946年12月23日派员到马来亚听取各方的意见，提出一套在英国殖民者绝对统治下的"新宪制建议书"，这个新宪制用"马来亚联合邦"（Federation of Malaya）来代替"马来亚联邦"，在具体的内容上，对华人取得公民权严加限制。除了由钦差大臣直接委派的官员，新宪制规定了让马来人占有立法议会的多数，并且将新加坡分立于马来亚之外成为"直辖"殖民地（Crown Colony），因而把新加坡的华人排除在联合邦公民之外。

面对新宪制的建议书，首先站出来抗议和批判的是李光前领导的新加坡中华总商会。李光前从自己数十年的经历中认识到，在那里繁殖、生长、奋斗了几代人的华裔，如果还想要在此立足，继续发展自己的事业，就不能不向专制的殖民政府开展民主斗争，争取合法的生存权利，公民权就是最重要的生存权。他所领导的中华总商会于2月28日和3月25日先后两次致函，8月间又致电英政府申述不同意见。之后又在报端对"建议书"进行抨击，指出它还是一个十足的殖民地法制。接着各地总商会也群起响应，开会表态、发表备忘录，呈报咨询委员会。在华人社会的抗议之中，言辞最强烈的是李光前掌控的《南洋商报》社论。该文提出，纳税人都应该享有公民资格，华人占了纳税人的70%，然而政府却订立公民与非公民的资格。而立法议会中官方议员占多数，致使立法议会无最高表决权，沦为总督的咨询机关而已。由此得出的结论是："马来亚宪法是现代之殖民地约法，而非自治宪法，更非民主宪法。"①

这时，一个尖锐的问题摆到新马华人的面前来了：是继续当中国籍的侨民，还是争取新马的公民权？早在1946年初，《南洋商报》就发表了署名"屈哲夫"的《南洋华族的政治危机》一文，该文斩钉截铁地指出：大部分华侨已经不是"侨居"而是"定居"在南洋了，"华侨"应该改称"华族"。提倡"要用政治去保障、增加和创造我们的幸福，为我们自己，也为我们的子孙。因为我们就是这里的主人，这里就是我们的故乡"。②

然而，在当时70万的新加坡华人中，大约还有70%的人是中国籍，在马来亚的华人中，中国籍的也占多数。刚刚跳出火海的平民百姓对这场尖锐的斗争毫无思想准备。大多数华人还是希望保持现状，在新马是新马的国民，回中国也还有中国籍。许多华文报纸发表的言论也都赞同双重国籍的主张。到1947年上半年，《南侨日报》举行"关于马来亚未来政制民意测验"时，24000张有效票之中，赞成"做马来亚公民而不脱离中国籍"占了95.6%，

---

① 《南洋商报》1946年10月12日。
② 《南洋商报》1946年1月8日。

赞成"脱离中国籍做马来亚公民"的只有3.1%。①

不过，正义的呼声毕竟是有号召力的。争取民主独立和公民权的运动还是引起了新马各地华人的热烈响应，连海峡侨生（峇峇）对限制华人的公民权也表示不满。1946年12月14日，好几个左翼社会团体（泛马职工总会、新民主青年同盟、马来亚民主同盟、妇女联合总会、印度国大党等）联合发起，组织了联合行动委员会（Council Joint Action），由陈祯禄出任主席。稍后又有马来人民统一阵线（PUTERA）的加入。1947年2月23日，李光前任主席的马来亚中华总商会联合会在吉隆坡集会，通过了《马来亚联合邦建议书》，继续批判新宪制，申明华侨社会的合理主张。

1947年7月24日，英国殖民当局置各界人士的反对意见于不顾，竟接受新宪制的决议书，宣布"马来西亚联合邦"将于1948年2月1日正式成立。这一倒行逆施引起了许多华侨团体的愤慨。1947年8月下旬，马六甲中华总商会召集各类社会团体和商号代表170人举行大会，致电英政府抗议，并号召马六甲各界人士休业一天。②接着蔴坡中华总商会也开会致电抗议和号召休业。③李光前任主席的"马华商联会"也致电英国殖民部大臣，强烈反对新宪制之实施，指出这是忽视民意、违反国家团结、分裂民族关系、阻碍马来亚自治宪政的。要求英政府派皇家调查团前来核实情况，重新厘定新宪制。④霹雳中华大会堂也联合100多个社团致电英国殖民部，申诉理由，表示抗议。然而，英政府依然无动于衷。

经过多时酝酿，1947年10月5日，由马华商联会主席李光前和联合行动委员会主席陈祯禄出面，号召在英国议会将要辩论马来亚政制的10月20日，全马举行"总休业"（"休业"一词来自英语的hartal表示一种自动的消极状态），并发表抵制新宪法的宣言。

---
① 《南侨日报》1947年6月13日。
② 《南侨日报》1947年8月22日。
③ 《南侨日报》1947年8月25日。
④ 《南洋商报》1947年9月3日。

陈祯禄（1883—1960），祖籍福建漳州，清乾隆年间，其祖就到马六甲定居，是海峡华人（峇峇）。他毕业于新加坡莱佛士学院并留校从教，后从商，经营树胶业而致富，成为海峡华人社会的领袖，曾任马六甲海峡英籍华人公会的会长、马六甲中华总商会副会长，也被委任为海峡殖民地的立法委员。新马沦陷时他避居印度，光复后曾向英政府建议，建立新马统一的、给各民族平等公民权的马来亚国。英政府的倒行逆施激起了陈祯禄的愤慨，他主张，要建立和谐、民主的马来亚独立国，就必须抛弃狭隘的成见，各民族团结一致，汇成一股政治洪流。基于这一点，他和李光前建立了亲密的关系，于1946年成立了泛马联合行动委员会，1947年，以他们在新马华人社会的强大号召力，发起了新马各地的"总休业"。

10月20日这一天，从早晨6时到深夜12时，工人罢工、商人罢市、学生罢课，连娱乐行业也停止活动，华人和印度人几乎都参与了。全马各大小城镇的交通商业等正常生活顿时陷于瘫痪，从新加坡、吉隆坡、马六甲、槟城等大城市到怡保、新山、芙蓉等中小城镇，一片凄清、形同死市，到处笼罩在总休业的阴影之中。李光前在事后对此次总休业的表现十分欣慰，他说："这是马来亚人民觉悟程度相当高的表现。"他在报纸上呼吁，希望英国国会于两三年内为此专门派一皇家调查团来马来亚，"用公正的态度，对马来亚的实际情形作详细的调查，并且听取新马各民族各党派的意见，集思广益，而后对马来亚的政制作合理的决定。"①

这一抗议行动引起了殖民统治者的慌乱，他们当中，有的主张宣布总休业为非法犯罪行动，准备镇压，有的主张重新考虑有关问题。最后，他们决定暂时既不镇压也不作修改，我行我素，依然要成立他们设计好的"马来亚联合邦"，实行新宪制。过后还越来越暴露了殖民主义者的残暴面目，于1948年6月18日宣布马来亚联合邦和新加坡进入"紧急状态"，出动军警进行镇压。前后数年间，逮捕大批不同政见的人士，查封不少社团和刊物，还烧毁

---

① 《南洋商报》1947年10月22日。

华侨房屋，屠杀反抗的人民。据统计，自1948年6月至1953年初，近5年间，被英国军警杀害的华侨达3510名，被监禁或驱逐出境的华侨达2.4万多人。

这场民主斗争之所以失败，从客观上说是由于殖民者当局的残暴镇压；从主观上说，则是由于中下层华人尚无"落地生根""勇当主人"的思想准备，许多人忙于战后的生计恢复，对政治采取漠然态度，各派民主力量也有不同的目标和要求，不能完全同心协力地坚持斗争。

李光前在抵制新宪法的过程中之所以如此积极而坚决，是因为他对当地的社情、民情、族情有深切了解，也因为他对世界形势的变迁有及时的宏观认识，还由于他对现代法制的正确理解。早在二战尚未结束时，1945年7月12日，他就在伦敦的《泰晤士报》上发表了一篇《马来亚之未来》的短文。他在文章里说：

> 吾自1903年始居于马来亚并成长于斯。孩提时与马来儿童同嬉戏，成年后与马来人及他族同胞在马来亚同工共事。吾对马来人喜爱及钦佩有加，故期许马来人及其他民族之福祉，能同为大不列颠长远政策所涵及。
>
> ……
>
> 1939年马来亚总人口中，39%是华人，37%是马来人。其余依次是印度人、欧亚和英国人以及为数不多之其他国籍居民。华人中有本地出生的，也有外来移民，马来人也一样。……华人在吉兰丹已居住了700年，位于马六甲之墓碑亦提供了实证，自15世纪起已有华人就居住在马六甲。移居本地的华人一向被公认为奉公守法、勤劳苦干、爱好和平的，对故国维持任何政治联系或承担任何义务，指责华人移民有夺取政权或侵占领土野心的说法，实属无稽之谈。……
>
> 马来亚的发展主要有赖于华人之汗水、鲜血、辛劳乃至生命之付出。若说富有华人比英人多是因为华人与英人的人口比例是100:1，而且每一个发财致富的华人背后都有上百上千人在恶劣气候环境下拼

命劳作,最后亡命于丛林之中。……日本人刻意挑起马来人与华人之间的不和,此一企图不应得逞。马来亚的英人、华人、马来人以及其他民族的人民,实应永远维系一向根深蒂固之友好关系。……华人意识到自己的首要义务是履行和传播"四海之内皆兄弟"的古训并将其发扬光大。

马来人的经济情况仍有待改善……一个尤为理想的做法是让他们继续接受免费初级教育,并在高等教育方面得到援助。……此外,政府亦应鼓励和训练马来人,使之能够与其他公民一道投身农业生产和商业动作,参与管理大型工业企业,如铁路、码头、公共服务、水利工程等等,若将他们局限于处理民事公务,其实并非真正为他们的利益着想。

随着马来亚之光复,在过渡期间应设立一个由无成见或偏见的人组成的、具备客观调查及研究事实能力的委员会,委以向政府就本地区之未来发展献计献策之重任,以最大限度地实现《大西洋宪章》所推崇的四大自由。

两年后,他出任中华总商会主席时就一再呼吁:希望南洋华侨"一心一意参加当地政治、经济、教育、文化建设工作,谋求地方事业之发展,增进人类福利"。在处理民族间的关系上,他主张"与各族人亲仁睦邻,和好共处,并发扬中华民族数千年大同文化道德,辅导文化水准低落民族",还进一步指出:"离开国家遥远的华侨,若去专谈国内政治,于事无补,还会影响华侨间的团结,使华侨地位下降。"①

二战结束后,东南亚的民族主义抬头,殖民主义者和他们结合起来排挤华人是多处所见的现象。在印尼,排华的事件更多,情节也更加严重。1946年,在印尼就发生了大规模的屠杀华人、封锁贸易、夺船劫货的排华事件。出于对华人同胞的同情和对肇事者的义愤,李光前就曾多次和张楚琨一起,到英国当局的船务局交涉和抗议,要求归还船只和货物。由于他英语好,又善于斡旋,

---

① 《光华日报》1947年2月23日。

当地官员不得不让步,给予道歉并赔偿损失。①

应该说,二战一结束,李光前就完成了从"落叶归根"到"落地生根"的思想转变。这在当时的华侨上层人士中还是少有的。老一代华侨历来都抱着"落叶归根"的思想,有的人直到临终,还是心心念念买张船票回老家,把骨头埋在"唐山"。在经济上,一旦攒了一些钱,就把它寄回祖国,除养活家人,还热心于办公益事业:修桥造路、建学校、造祠堂、祭祖宗、造庙宇、办佛事、过生日、宴宾客,或者多购置一些田地盖些新房,给子孙后代享用。这种"海外游子"的情结,一方面反映了他们不忘故土故国,只有祖国故乡才是最后的归宿的思想,一方面也是寄身异邦、深受歧视和欺压,以至生存和发展举步维艰所使然。从意识上说,其中固然也有热爱民族文化的一面,但也保存着狭隘的乡土观念和小农意识。几百年过去了,"唐人"在海外历经繁衍,建立不小的家业,为了立足和发展,又面临着种种竞争,这种情结已经越来越显得不合时宜了。从政治上说,在殖民主义统治下,当地又存在着多种民族,在战后的政治斗争中,这种客居情绪使人对政治斗争漠不关心,在客观上显然就会削弱华人的力量。反对新宪制的斗争之所以失败,与此有着密切的关系。新一代华人的"落地生根",就是以客乡为新家,视异邦为己国,对眼前的处境采取现实主义的态度,思想上认同当地,当家作主人,积极争取应有的政治权利和社会地位,谋求各项事业的不断发展。从1947年到1948年李光前担任新加坡华侨总商会会长时,多次以会长的身份发表谈话,明确指出:华人在新马居住,不应该一面要参与当地政治活动,同时又要参与中国的政治活动。所谓鱼与熊掌,不能兼而有之。华侨搞中国政治,只能造成华侨的分裂,降低华侨的地位。他再三呼吁,应该舍弃中国政治,一心一意参加当地政治、经济、教育文化建设工作,谋地方事业之发展,增进人类福利。②关于华侨要不要拥有双重国籍的问题,他也有明确的主张:"按照

---

① 李远荣:《李光前传》,暨南大学出版社1997年版,第67页。
② 《南侨日报》1947年11月28日。《南洋商报》1948年2月24日。

国际上的实际情况,并无一国家之侨民,同时享有其祖国及侨居地双方面之选举或参政之权利。祖国政府虽欲优待华侨,但亦应顾及实际情况。"[1]

另一位在新加坡有影响的华侨领袖人物陈六使也是比较早实现国家认同的。陈六使(1897—1972)是陈嘉庚的集美同乡,十几岁来到新加坡,先在陈嘉庚树胶厂学习业务,1924年与其兄合办益和树胶公司,十余年后大有进益,业务遍及东南亚,产品远销欧美。二战结束后得到重新发展。1949年陈嘉庚回国,陈六使接任福建会馆主席,1950年他又被推为新加坡中华总商会会长。1951年新加坡立法委员选举时,70万华人只有万余人参加投票,可选议员只有3席,作为总商会会长,他发起"推动选民登记侨团代表大会"并努力策划推动,这说明他已经完成了当地认同,致力于争取华人权益。后来,他还带头捐出叻币500万,倡议创办南洋大学,并于1953年正式挂牌开学。他多次号召,华人在正确的公民权上,不能畏葸不前,而要力争到底。

陈嘉庚与李光前、陈六使在新加坡合影(1950年2月15日)

---

[1] 《南侨日报》1947年8月9日。

由于历史的原因，新马是一个民族成分和社会结构都相当复杂的殖民地。那里的原住民是马来人，数百年前就有华南汉人陆续定居，18世纪末到19世纪初，英人先后进入槟榔屿、新加坡和马六甲，建立了"海峡殖民地"。后来又有印度人移入。二战前后，新马华人大约占了三分之一，其中又有三分之一是早期华侨移民与马来人结合的后裔（称为海峡侨生）。民国建立前后，由于国民党的早期革命活动受到南洋华侨的赞助，国民政府对新马华侨一直比较重视，国共两党的斗争也延伸到南洋和新马。30年代改组的马来亚共产党，在抗日战争中作了艰苦卓绝的战斗，他们是主张马来亚化的，在百姓中也有一定威望。殖民政府总是不甘心退出历史舞台的，但是顶不住战后的民族独立浪潮，一直玩弄着挑动民族矛盾的手段。马共主张只认同本国，马来人则希望在独立后得到更多的特权，他们都反对双重国籍。海峡侨生因为受的是英语教育，不少人入了英籍，开始时在争取华人权益方面也不太积极；跟国民党走的愿意保持与台湾的关系，主张采取双重国籍；华人商界囿于"在商言商、不问政治"，开始时对于争取民主独立比较冷淡，劳动阶层也习惯于模糊的国籍。在这种复杂的情况下，独立民主运动的开展，不可避免地要遭遇种种困难，只能经历多年的矛盾和抗争，才能获得成功。

一般都认为，战前的南洋是"华侨时代"，战后的南洋则是"华人时代"。这正好和二战划开的殖民地时代和民族独立时代重合了。

陈嘉庚和李光前恰好是在40年代交接的两代华侨领袖，一个是把"落叶归根"坚持到最后，1949年回国，1950年回集美家乡定居；一个是"落地生根"觉悟得最早，李光前二战一结束就积极领导华人认同当地，为争取民主权利而奋斗。他们之间尽管有许许多多的共同点：经营同样的事业，也同样取得了辉煌的成就；同样爱国爱乡，热心公益，矢志不移地在南洋坚持华文教育，在家乡兴办教育事业，彼此感情也十分深厚。但是，在"落叶归根"和"落地生根"这一点上，翁婿二人却是判然有别的。事实证明，李光前的转变是符合历史潮流的，是有利于海外华人的生存和发展的。他的事业经久不衰的发展，他对社会长期不断的贡献，就是最有力的论证。如果说，陈嘉庚是华侨时代的领袖人物，李光前便是华人时代的杰出代表。不同的时代，造就了不同的领袖人物，这是历史的交替，也是必然的逻辑。诚然，历史总是前进的，从"落叶归根"到"落地生根"是一种适应时代需求的积极的转变，这也是必须肯定的。在这一点上，李光前较之他所敬重的老岳父也是青出于蓝而胜于蓝了。

李光前先生在工作

到了50年代中叶，中国政府的政策也明确地鼓励海外华人"落地生根"，认同当地国家，为当地的建设和当地的民族共同努力。1956年8月，新马考察团访问北京时，周恩来总理就明确地对他们说，"中国政府希望新马华人能取得当地公民权，参加当地的建设，不要保留双重国籍。"从这里我们可以看到，李光前对国家认同的见解，在40年代是多么难能可贵的高瞻远瞩和真知灼见！

沿着这个思想轨道，当1947年8月间，国民党政府要求马来亚华侨选举"国民大会代表"及"立法委员"，时任中华总商会主席的李光前就明确表示反对。在他的影响下，华人社会也普遍加以抵制了。后来的殖民政府也没有给予支持，也是加以反对的。

1949年1月，在槟城召开了由5名马来人和4名华人组成的"华巫亲善委员会"，后来改为"各民族联络委员会"，它的宗旨是"探讨种族冲突的根源，寻求解决的方案"。陈祯禄和李光前都被推为华人委员。

1949年2月，在吉隆坡成立了马华公会（Malaysian Chinese Association），陈祯禄所创建的这个海峡侨生华人为主体的组织，目的就在于"促进马来亚华人的团结与华人认同马来亚"，把"这块哺育与滋养我们的土地铸造为一个国家，成为我们效忠、热爱与献身的对象"。这种思想正与李光前合拍，所以李光前一开始就给予全力的支持，并列席参加了他们的成立大会，后来马华公会发展成为一个政党。在新马独立之前，面对殖民主义者的高压统治，马华公会在争取华人的权益、动员华人参加立法会议选举、争取新马独立的斗争中，都发挥了积极作用，在华人社会中也树立了很高的威信。这也说明了，新马华人的国家认同，在四五十年代的争取民主、争取独立的运动中虽然经历了一些曲折，还是有了迅速的发展，最后获得了胜利。

顽强坚持

然而，政治的认同、国家的认同和文化的认同、民族的认同并不是一回事。在新马华人中，有少部分人不但认同当地国家，在思想上、文化上也完全认同殖民者，尤其是那些受英语教育的资产阶级上层。李光前也受过西式教育，精通英文，并且纯熟地运用着西方现代化的经营管理方法，但在民族文化方面却一直保持着清醒的头脑，一直没有忘记要坚持和弘扬中华文化的优秀传统。早在战后初期，他在一次接见中央社记者时就发表了关于国家政治单位与民族文化单位关系的明确观点，他说：

> 一个国家是可以由各种民族联合组成的。几个文化系统不同的民族共同组成一个政体，是很平常的事。文化系统和政治组织并不一定要符合。比如，瑞士是个国家，但是包括了法文、德文、意大利文三个文化系统。有些瑞士人只懂得一种或两种语言文字，但是并不妨碍其组织瑞士这个国家政体……
>
> 所以，要强迫一个文化系统的人民来接受另一个文化系统的生活方式，是不可能的。就人类史来看，从来就没有过这样的例子。文化只能交流、互换，强迫接受只能引起反感。
>
> 华侨居住在殖民地，如果硬叫他们放弃中国文化传统，那么请问要他们去接受什么？这里是不是有一个东西叫做马来亚本体文化的？是不是英文学校所施的教育就可称为一种本体文化呢？好多反科学、反常识的设施，如果按照科学的眼光来看，是会令人莫名其妙的。[1]

---

[1]《星洲日报》1946年10月2日。

他经常说，中华文化源远流长，这种文化的克勤克俭、艰苦奋斗的精神，完全可以为建设马来亚做出贡献。

正因为他热爱中华文化，从青年时代开始就非常关注中文教育，希望华夏子孙能够一代代把自己的优秀文化传承下去，他接手岳父所创办的华侨中学之后，当了20多年的董事长，聘请名师，不断投资扩大建设，把这所老校建成南洋最有影响的名校。然而在那殖民主义统治下的国家，在多民族、多种政治纷争的社会里，要为一个少数民族传承和发扬自己的文化，并不是一件容易的事。

仅就李光前长期关心、努力经营的"华侨中学"来说，就碰到过一个又一个的难题。

二战之后，中国陷入内战。南洋社会历来和国民党、共产党两代都有密切联系。华侨中学校长薛永黍是左翼的中国民主同盟的成员，1948年五四纪念日前夕，因纪念游艺晚会到深夜才散，学生要求次日放假休息，恰好这一天民盟和一些团体有"反蒋就职总统典礼"的集会，后来就有人伪托华中学生的名义在《南洋商报》发文，指责校方卷入中国的政治斗争，破坏学生学习。新加坡华文副提学司也致函学校，表示不满，并警告将减少或取消发给学校的津贴。后来经过董事会的多方解释并派出两名代表，出席5月20日举行的"就职典礼"，事情才告平息。

1950年新加坡立法会通过了"学校注册法令"，规定"注册官"有权到学校进行搜查，如发现不利于殖民政府的"政治宣传"，或成为"非法组织集会"的场所，可以封闭学校。5月31日，300名武装警探，包围了华侨中学和南洋女中，在宿舍和厕所里搜出了一些共产党的书刊，遂扣押师生2人，并要求校方说明不应被宣布为非法的理由。后来教育局不满意学校的申诉，仍提请总督，欲宣布华中为非法。华中是新马著名华校，2000多名学生和100多位教师在社会上都享有盛誉，查封这些学校，显然是对华文教育的严重摧残。此时中华总商会、华校教师公会及各报舆论界都为之呼吁，两校董事会与教育当局又进行了长达两个多月的反复商谈，最后才免于关闭，直到8月15日才恢复上课。

1949年，新中国建立不久，英国率先于1950年初承认中华人民共和国。李光前对此欢欣鼓舞。他认为，从此，新马和中国的关系势必更加密切，海外华侨除了获得本地公民权、尽好应尽的义务，还应该统一意志，面对现实，支持中国之合法政府。在通力合作下，华侨工商业当能日益发展，进而配合中国的安定局面，中马贸易也能顺利发展。① 其强烈的民族感情溢于言表。

这时，新中国的工人农民欢欣鼓舞，努力建设自己的国家。不久中国人民志愿军和朝鲜人民军一道，在抗美援朝的战争中顶住了以美国为首的十四国拼凑的"联合国军"，中国威望大振。这就使南洋的华侨扬眉吐气，感到骄傲自豪。加上殖民当局派出密探来学校盯梢进步学生，动辄搜查、拘捕学生，在这种白色恐怖的状况下，许多青年学生相约离校，纷纷希望回到祖国，为新中国建设尽自己的一分力量。据统计，新中国成立后，从1950年算起的7年间，每年回归祖国的南洋华侨学生都有6000人左右。这说明青年学生的心情和李光前等爱国华侨人士的思想是相通的。

事实上，在殖民主义统治下，在某些马来人的民族沙文主义影响下，新马的华人要真正立足和获得发展，不论是成功的企业家还是在学校学习的青年，都不是一帆风顺的。上文所述李光前和他所领导的华侨中学的境遇就很能说明问题。哪里有压迫，哪里就有反抗。面对着殖民主义的统治，华中的学生组织了合作社、互助会和戏剧社，开展读书活动、出壁报、编演话剧以及组织各种集会，但经常受到警方的弹压。为了控制青年学生，1952年新加坡政府制定了《国民服务法令》，规定所有的18～55岁的居民必须登记造册，必要时应征入伍，受训参军或负担民防。1953年，经过立法会的通过，总督批准了这条法令。政府在执行时还规定，从1954年4月起，18～20岁的公

---

① 《南侨日报》1950年1月7日。

民先行登记，选中的7月就要集中受训，并立即派人到各中学集体登记。一时，学生和家长们都忧心如焚，十分不满。有的青年学生逃课退学，有的相邀北归故土。《南洋商报》对此发表了社论，指出："当局殊无以在校学生为征召对象之必要。……政府如要贯彻实施人力动员的效率，应该豁免动员在学学生。"①但是政府对此根本不加考虑，到5月12日，限期已过，未经登记的华校学生三四百人欲去总督府请愿，被警探阻拦。次日（5月13日）8名学生代表携函请愿，其他学校900名学生前往声援，当时当局正在施行"紧急法令"，警察认为游行是违法行为，以武力驱散，双方发生了冲突。后来有40名学生被捕，多人受伤，26人在法庭被控而治罪。"5.13事件"显然是压制学生、摧残华校的预谋，殖民政府过后再次扬言要封闭华中。社会一时为之震动，学生义愤填膺。作为华中董事长的李光前闻讯从伦敦赶回，一面组织总商会及各校董事与政府交涉，争取缓解；一面动员学生顾全大局，以保住华校为重，同时也做围困警察的说服工作。

对着新加坡华校董联会代表，李光前说："今日真正之严重问题，乃整个华文教育生命之延续问题，亦即合理发展问题。吾人欲问世代久居于此、有功于此、有事业于此之80万华人，母语教育能坐视其一日中断乎？政府当局、华人社会、华校之董事、教师、学生以及学生家长，能不竭诚勉力，共同维护之乎……今后华文教育机关宜如何严守教育宗旨、教育立场，非教育范围内之事，一律不承受、不干涉、不负责，而任何一方面亦不能强我海外教育机关承受所不合承受者……个人行动与教育活动分开，教育活动以外之个人行动、个人发言，与教育机构无关涉，然后足以言教言管，然后学生家长足以放心，我整个华文教育生命足以延续于风雨飘摇之中，并进而发展于无已……请有关此次华校学生因请愿缓役引起不愉快事件之各方面，以及注视此事件之社会人士，冷静思考，竭力协助，犹千百致意于我重视学业前途

---

① 《南洋商报》1954年5月11日。

之家长。"①

在劝导学生时，李光前说："华文教育危机，伏之已久，而今日则渐陷入险境绝境中。……吾人行动谨慎犹可望免脱危机而入坦途，一不谨慎，岂非立转危机而趋绝境乎？然则，吾人行动之后果而使整个华文教育陷于无可挽救之地，于心安乎？……愿君等再三冷静思考之。君等均为好善、好义，有热血而勇敢之知识青年，愿君等勇于是非之抉择，勇于维护我整个华文教育，使其延续而不坠。……本人忝为商会董事之一，将追随其他董事之后，共谋妥善解决。君等能忠诚信赖，最后当能有良好结果。就本人言，凡认为做得到者，本人必许诺诸君，务求达到，任何辛苦在所不辞。……总之，君等事事应从大处远处着想，应从最大多数人着想，方为明智，幸君等勉之。"

当时在场的有个女生叫石君，多年后当了记者，在回忆此事时写道："他来之后，先站在台上，好久好久都讲不出话来，后来，他终于讲了，讲了华语，讲了英语，也讲了几句马来语，劝学生离开，他说：'孩子们，你们散了吧，事情总要解决的，我们可以采取一些别的办法。你们的爸妈焦急地等你们回去。'然后，他就哭了。不久，他又跟那些警察说：'兄弟们，孩子们都是无辜的，你们也有儿女，对不对？请你们放过这群孩子吧！'"那苦口婆心的语言，真是使人动心。②

经过两三个月的交涉，事态才平息下来。担任华中校长 18 年的郑安伦说："每逢华中面临困难或几乎被迫停办的时候，他都挺身而出解决困难，为了华中，他情绪激动，热泪盈眶。李光前担任华中董事 40 年，董事主席 22 年，他对华中的那份真情与贡献是非笔墨所能形容的。"③

华人来到南洋，披荆斩棘，在站稳脚跟之后，艰苦创业，掌握了当地重要的经济命脉，同时也没有忘记传承自己的民族文化，投放大量的人力物力

---

① 黄美萍、章星虹编译：《李光前文稿、讲辞与信函选编》，新加坡国家图书馆委员会 2008 年版，第 31 页。
② 李远荣：《李光前传》，暨南大学出版社 1997 年版，第 70 页。
③ 《联合早报》1949 年 3 月 19 日。

发展华文教育，办了许多华文学校。到1950年，全马华校已有1319间，在校学生17.2万名。英国殖民者早就把这些事实看在眼里，为了维持他们的统治，他们的既定方针是"以巫制华"，尤其是二战之后，殖民主义者声名狼藉，民族独立的呼声越来越高，华侨也迅速觉醒了，他们为了磨灭华人的民族意识，限制打压华文教育，于1951年6月10发布了《巴恩（Barnes）教育报告书》，提出要把小学建为国民学校，以英文和马来文作为教学语文，其他语文不被接受。这个"教育马来亚化"的方案，显然是为了摧残华文教育，消灭华侨文化而制定的，因此，一经颁布，立即引起华人社会的强烈反对。1951年8月，全马华校教师代表大会在吉隆坡召开，成立了华校教师联合会总会（简称"教总"）。数十年为华文教育贡献力量的老教师林连玉被选为主席。会议代表慷慨陈词，据理反对，会后发表了正式宣言加以批驳。但是政府还是一意孤行，随后又拟就"1952年教育法令"稍加修改，只允许每班有15名以上家长要求时才准许每日教授半小时中文或印文，并于1952年11月21日正式通过这个法令。1953年4月，教总和华校董事联合会总会（简称"董总"）与马华公会组织的华文教育中央委员会联合起来，继续反对"1952年教育法令"，为争取华文教育与中华文化的生存进行合法斗争。同年8月，"教总"还就此向联合国递交了备忘录。经过了长时间的讨价还价，在新马人民独立斗争日益激烈的情况下，殖民政府被迫做了一些让步。直到1956年才作了一定的修改，取消了以马来文为各族小学唯一教学媒介的规定，但是依然没有承认华语同样作为官方语言的地位。

谈到维护华文教育的应有地位，争取华人使用自己语言文字的合法权利，教育华人务必要传承自己的民族文化的问题时，还应该提到陈祯禄和林连玉。上文提到的海峡侨生陈祯禄，虽然精通英文和马来文，但是对于中华文化和华文教育也是寄予深切同情的。他不但鼓励华人积极争取公民权，认同当地国家，也指出这"并非受其他民族之同化，而是仍能保留华族的文化，我们仍旧是中国人"。①他甚至说了这样的狠话："华人若不爱华人的文化，英人不会承认他是英人，巫人也不会承认他是巫人，结果他将成为无祖籍的人。世界上只有猪牛鸡鸭这些畜生禽兽是无所谓祖籍的。所以华人不爱华人文化，便是畜生禽兽。"陈祯禄和他所领导的马华公会，正是由于大力支持华文教育，才获得了新马华人的拥戴。

林连玉（1901—1985），福建永春人，1924年毕业于集美学校师范部并留校任教，1927年到南洋，先在印尼教书，后转到马来亚巴生、吉隆坡的华文中学任教。沦陷时期三年多的时间他在乡间养猪，日本投降后，卖猪复办尊孔中学。1946年就积极筹建吉隆坡华校教师公会，在华人知识界，他率先完成了当地国家的认同，早在1951年就申请为马来亚公民，并提倡"美满的马来亚精神"应该包括：英人的民主精神，华人的勤俭美德，巫人的乐天襟怀，印人的和蔼态度。②在倡导以马来亚为故乡的同时，林连玉顽强地捍卫华文教育的应有地位。1950年，他筹办吉隆坡华校教师公会并任主席，1953年为马来亚华校教师总会主席。为反抗以国民学校取代方言学校，争取华人的母语教育权，他不畏强暴，大义凛然，坚贞不屈地进行了长期的斗争，被誉为华人的民族之魂。虽在1961年被殖民政府剥夺公民权，吊销教师证，被迫退出杏坛，仍表现了威武不能屈的崇高精神。南益公司不便出面与政府对抗，后来经李光前先生授意，由李成枫向他按月提供足够的生活费，直到这位老人1985年病逝。林连玉出殡的那天，因感激他为华文教育所做的不畏强暴的奋斗，数千华人前来送行，表达了深切的怀念，场面是空前的，十分动人。

---

① 《南洋商报》1951年5月3日。
② 崔贵强：《新马华人国家认同的转向》，厦门大学出版社1989年版，第351页。

再度腾飞

战后的10年间，李光前不但在政治上、思想上登上新的高峰，在抵制新宪制、争取华人的合法民主权利上做出贡献，在华人的国家认同和文化认同上形成了一系列正确而先进的思想观点，而且他的事业发展也登上了新的高峰：他把南益公司建设成为立足于国际舞台的企业王国，创造了一整套极为成功的经营管理的体制，为东南亚华人创办实业提供了宝贵的经验。

从1946年开始，经过三年的努力，南益公司不但恢复了正常的生产，而且获得足够的资金，扩大多种经营，在许多方面都得到极大的成功。

美国为了发动朝鲜战争，早就进行了紧张的战备。从1948年开始，由于西方世界大量的进货，树胶供不应求，胶价连年大幅度上涨。1950年3月间，天然胶每磅涨到1.8元，1951年2月每磅又升到2.41元。这就为发展树胶业提供了千载难逢的、空前绝后的发展时机。南益集团在短短的三年间从树胶业着手，实现了第二次腾飞。50年代初，南益拥有20多家胶厂，3万英亩胶园，每年售出树胶约有50万吨，一跃成为全球最大规模的胶商。单是1951年的树胶业利润就超过5000万元。除了树胶业，黄梨、饼干业也有了较大发展，他还新办了椰油厂、木板厂、彩色印刷厂、保险公司等，银行和房地产的投资也有大幅度的增长。此时，南益职工总数4万多人。有人就1953年的状况估计，南益公司的资产至少应有3亿新加坡币。李光前显然已经跃为新马首富。这时的南益，已经立下了把所得利润的五分之一作为年终花红分给职工的制度，那几年，南益公司不但解决了数十万人的生计，其中就有数以百计的职工跟着李光前这个大富翁成了小富翁。当时有些员工,钱多了一时没地方花销,有的家庭竟然购置了大型冰箱作衣柜用,这一新鲜事曾引起西方记者的惊异而在报道中大加渲染。

20世纪以来,东南亚的华侨经济有了很大的发展,数十年间出现的富豪为数不少,但是能够立足于国际竞争、经久不衰、历经几代人而不退潮的却不太多。李光前的南益公司经过四年经济危机的打击和日本侵略者的摧残,能够大难不死,而且不断发展,经久不衰,这就引起了许多经济学家的注目,究竟是什么因素使这个企业王国获得如此强大的生命力呢?让我们来看看它提供给人们的是些什么启发。

南益的资本结构开始时曾吸收亲朋好友的股份,后来逐渐扩大了李氏家族的股额。据新加坡公司注册局档案记载,1933—1966年,其资本结构变动如表1所示。

表1　1933—1966年南益公司资本结构

单位:千元新币

年份	1933	1937	1958	1966
注册资本	1000	4000	20200	50500
实缴资本	560	2500	10100	10100
李家拥有股权	407	2249	9930	10078
所占缴足资本额(%)	72	89	98	99

资料来源:林孝胜:《李光前的企业王国》,《亚洲文化》1987年第9期。

1951年7月,李光前又决定发行4万股(每股1元)管理股。股东可以按股权比例认股,分配权利由董事部掌握。结果,除李成崇200股,全部管理股都由他及妻儿们掌握。在选举董事会时,普通股每股1票,管理股每股4票,这个安排显然是为了保证南益的经营管理权永远归李氏家族所有,看来他是想在家族经营企业这条路上走到底了。

曾有学者(如日本华裔学者李国卿)认为,东南亚华侨资本之所以不能发展为现代化大集团，原因就在于实行家族经营制，而不是采取广集社会资金的股份制。看来他的断言不对，南益集团并未发行股票，没有广泛吸收社会上的资金，一直是采取家族所有制，可它不也发展成现代化的、国际性的大型企业集团了吗？

原来，南益还有它的奥妙。它的股份权、董事权和管理权是分立的。拥有股份只能按公司收益领取股息，不插手决策；当董事的股东除分得股息还参与决策并支取董事酬金和花红，实际管理和执行则由专业经理及其下属负责。这样就从根本上杜绝了拥有股份的家族成员滥用管理权，随意动用公款，甚至在企业的内部争地盘、用亲信，管理人员也各找靠山以争权夺利。李光前的家庭生活历来恪守儒家道德，他本人对夫人始终如一，十分严肃，绝不像其他许多富人三妻四妾，寻花问柳。上下之间是父慈子孝，兄友弟恭。儿女成家之后就分立小家庭，但深厚的血肉感情和家族的共同利益又使大家亲密无间，同心协力，配合默契。虽是如此，年深日久、世代相传之后没有一定的制度保证也难免失控，所以需要实行股份权、董事权和管理权三权分立。

李光前先生全家合影

股权是家族的,但不是家长个人独断的;董事权(决策权)掌握在行家手上,因为对发展企业有贡献,所以酬金也高,但不能无所不管;管理人员照章办事,不参与决策。

在管理体制上,李光前采取决策时民主协商,管理中分层负责的办法。参加决策层的既是可靠的家人、亲戚、乡亲、挚友,又是富于专业知识有经验的行家里手。两个条件缺一不可。他自任董事会总裁,战前的董事还有叶玉堆、李成崇和陈济民(陈嘉庚长子),他的长子李成义1948年起任董事并于1954年起任总裁,次子于1954年进入董事部(当时还有杨金殿和李成枫),三子李成伟则是1956年才进入董事部的。几个儿子都是锻炼成熟之后才让他们参与决策的,其余亲戚、乡亲、友好则是长期合作,诚挚相见,又确实熟悉业务、富于才干,才能进入决策圈。因此,在工作关系上,决策时都可以民主协商,分工时则可以放手让他们独当一面。在私人关系上,又是亲朋好友,他总是充分地信任和过细地关怀,大家也都忠心耿耿、尽心尽力去发展事业。他长期信任的李成枫便是典型的一例。

李成枫(1908—1995)是李光前先生的远房侄辈,穷苦农民出身,只读过几年书,青少年时期经过诸多磨炼。19岁时来到新加坡,刻苦学习,诚实苦干,精力充沛,头脑灵活,是实践中锻炼成才的企业家。他进南益不久,李光前就让他当总巡,长期统管南益在马来亚的树胶园和炼胶厂,数十年时间他深入实际,埋头苦干,对事业敢于出主意,见问题直言不讳,遇风险敢于承担,可谓赤胆忠心。在公司内部处理上下级关系,公司外部结交各色人等都能做到以诚相见,因此人际关系极好。南益的许多管理制度乃至技术革新都是出于他的设计,经过试验获得良好效果,向李光前建议后付诸实施。上文所说的分红支付和公积金支付就是他想出来的。李光前事无大小也常找他商议,还不时问他:"外间对我有什么评论没有?"李成枫曾对他直言:"你过于谨慎,忧虑过多,有时当断不断,坐失良机。"有的时候,李光前性子急,在某些场合不适当地发过脾气,过后李成枫就说他的不是,他听了后都能乐意接受，并表示感激。平日里在工作上也很能体贴。南益公司最豪华的小轿车，坐的不是李光前，而是李成枫，开始时成枫颇有些不安，光前说："我出门谁都认识，不必讲究派头，你代表公司出去办事，应该坐好车。"

在用人制度上，李光前喜欢选用福建籍的华文中学优秀毕业生，录用时他亲自面谈考察，录用后，先让他们到工厂去实习，了解生产流程，然后根据其特点和专长委派适当的工作。为了提高他们的业务水平，只要本人愿意学习，就给他们提供各种进修的机会，公司给安排时间，负担学费。年轻人进南益，不觉得只是在做工谋生，而是公司在培养人才。这样的青年，不会摆知识分子的架子，工作很实干，学习也用功，往往都能很快地进步。一旦发现职工有违反纪律，短斤少两，以次冒优或投机倒把，李光前总是重在教育，从来不用炒鱿鱼来惩罚人。屡教不改者，调换工种，待其悔悟。真正恶劣的就让他们自己辞职。不过，如果一个经理掌管的部门连续三年亏损，就会被认为是无能的，也只好自动请辞。有人说，靠帮派录用职工有局限性。事实上，因为既承认帮派的现实，又不是帮派至上，恰是扬长避短的好办法。新马的树胶业是福建帮首先试验办起来的。数十年间，在闽帮华人中，世代相传都掌握了本行业的技术，也有深厚的职业感情。如此，既是地缘相通，语言习俗相通，又有浓郁的乡情，客观上就先有许多认同感，加上人事制度上的那些措施，一代代的职工都有强烈的归属感，以厂为家、以公司为家，企业就有明显的凝聚力。企业发展了，员工也能获得合理的收益，感到力气并没有白费。

如果只是得以温饱、安居、养家，求个无后顾之忧，对那些能干的人来说，还是不能满足的。南益公司对于自己的职工不仅保证其安居，还鼓励他们发展。职员有了资金之后，可以自由创业。50年代初，有时年终花红就发出1000万元，有的胶厂经理可以拿到三五十万，甚至200多万，当时有的买了地产，投资兴办工厂，也成了百万富翁、千万富翁。当然，从南益得到好处的职工，对南益已经深有感情，当他们自行发展时，通常是不会与南益的业务相抵触的。在这一点上，李光前比起陈嘉庚也是青出于蓝了。陈老先生把企业赢利悉数投入教育事业，职员工资长期不变，获利不多，像为他做出那么大贡献的李光前也不过是月薪110元。若非自家人，就很难安心做下去。所以后来许多员工纷纷离去自谋发展。南益采取"满园春色才是春"的方针，把这批高层次的干才留住了。李光前经常对身边的同事说："公司每赚一毛钱，我就欠下几百元的人情，因为这是几百人努力的结果。"他放手让属下职员致富，就是出于这种思想。这也是他用儒家的仁义观来办企业的一条原则。

在工资福利方面，南益公司采取的是低底薪制度，但是公司的赢利则坚持抽20%在年终时发为"花红"（奖金），绝不食言。当然，经理和技术人员、工人有别，但是大家都能体会到水涨船高的道理。为了解决职工退休后的生活问题，从1951年开始，实行"保养金"制度，就是从雇员的月薪中抽出5%，公司外加10%，每月存入银行，由经理保管，退休后由雇员按离职时月薪的一半领取退休金。三年之后新马政府实行的"公积金"制度大体与此相似。遇上企业效益不理想，减产不减员，大家少拿点花红，共渡难关：先预支两个月薪金作花红，待扭亏为盈后再从花红中扣回。这就形成了，不论境况好坏，大家都把自己的利益和公司的命运连在一起。

除了发放工资和花红这些措施，公司还为所有的职工承担了医药费用。职工的住房则采取另一种公司预支的办法解决：公司先为职工付款购屋，然后在年终花红中，每年扣除一半，逐渐清还，预支的款项，一概不计利息。这样，职工都可在不影响月收入的情况下购得住房。在边远地区，职工子女上学不便，公司便就近办个小学校，让职工子女享受免费上学。子女长成之后，有能力考大学乃至出国留学的，公司就优先提供奖学金。由于这些工资福利制度，进了南益的职工都能以厂为家、同舟共济，努力把自己的工作做好，都希望企业取得更好效益。公司生意忙碌之时，职工经常自愿加班。有时大年初一也照常干活。有人说，"南益的职工赶也赶不走"，这是千真万确的事。战后英国重新统治新马，政治上加强控制，经济上加紧剥削，那些年，在马来联合邦的83个欧人树胶种植园中，工人为了增加工资，改善劳动条件和福利待遇曾多次发动罢工，参加人数曾经多达17997人。南益公司的工人不但没发生过罢工事件，还人人心向企业，这就形成了鲜明的对照。

在经营方针上，南益公司的成功之处在于它能够审时度势、稳扎稳打，利用客观条件，逐步做到各业并举，最终发展成大型的联合企业。初创业时遇到经济不景气，只办树胶加工，不发展树胶种植业，而后，逐渐伸向轻工业（饼干、罐头）以补足重工业的高额投入，进一步再发展银行业，广获金融资本之利，又辅以房地产，最终再回头发展大批的种植业（胶园和黄梨园），成为农工商相配套、产业资本与金融资本相结合的跨国公司。从时间上说，避开了战前经济危机的威胁，之后又赶上了50年代发展树胶和黄梨的好时机。从空间上说，发展树胶和黄梨的种植业正是地处热带的新马地区的独特优势。投资华侨银行则符合新加坡作为南洋华人社会的中心的有利条件。至于发展房地产，在那个弹丸之岛，自有无限的前途。可以说它充分地享有了天时与地利。从这里也可以看到李光前有着什么样的雄才大略了，诚然，这些措施也是在实践中获得的经验，也包含着能干的亲人和同事们的创造。

在经营作风上，上一章已经说过，南益做生意，不欠顾客一分钱，不短斤少两，不以劣冒优，实行薄利多销，快速周转而禁止囤积居奇和投机倒把。李成枫曾说："光前先生在生前，一再告诫南益职工，要以'诚实、信用、严明、谨慎'的原则办事。南益今日仍能执树胶业的牛耳，完全是光前先生本人以身作则之结果，他的八字箴言可说是令南益万古长青的秘诀与精神。"正是这种精神使南益在社会上获得了崇高的信誉。加以南益很早就用赢利所得慷慨捐助社会公益事业，使许许多多平民百姓（包括马来人和印度人在内）都能得到它的恩惠，因而深受社会各界的赞赏。这些信誉和赞赏使南益的职工普遍存在着自豪感，自然也会加重他们的责任感。

在管理手段上，南益很早就实行西式会计制度。平日的生产，各分公司每日向总公司作汇报，各种账目都登记在册。有很长一段时间，李光前每天清晨五六点钟就与李成枫通电话，了解公司进出情况，根据市场行情，及时对购销的指标作出指示和建议。星期天则一定要下去各厂巡视。在他以身作则地带动下，各级经理对于生产、销售的状况，都了如指掌，检查、复核也十分迅速。有一次，一个小厂职工多报了一袋米（供职工午餐用粮）都能立即被发现。1953年之后，南益公司按照李成义的建议，购置了电子计算机（开头是大型的，后来才有小型电脑），并派专人到西方培训，马上就在生产管理上发挥巨大的作用。不论是国际上的行情，还是厂内的生产、销售、成本和利润，什么信息都可以准确无误地储存和提取，并且可以随时计算、复核和查询。当时使用电脑的只有三两家英国大公司，一般的商家都未曾见过，体积又大，装满一个房间，闲人不得进入，因而被传闻为神奇而万能的"怪物"。购置电脑虽然是一笔大投资，却为生产管理做出了大贡献。据说，那些年，单是电脑的打印纸，每年就用掉200万张。

综观南益公司的经营管理，可以看到，正是时空并宜，公私两利，内部凝聚，外部协调，使它能够在20多年间获得如此巨大的成就并为日后的发展开辟了光明的前景。

华人来到南洋，处在殖民主义的统治下，不要说发展实业，许多人连谋求生计以求温饱都很艰难。作为一个实业家，李光前是一个融合了中西文化的天才创造者。换句话说，南益公司是处在中西文化接合部上的中西文化合璧创造出来的奇迹。

在异邦的殖民地，华人要生存，只能靠家族的凝聚和乡党的团结。以家庭和乡党为基本单位的宗族文化，正是千百年来的封建社会熔炼出来的中华文化的一大特色。在中国历史上，战乱和分裂是旷日持久的，社会的运作往往就靠着这些家规族制。不论是它的落后、保守还是它的和谐、温馨，都已融进了每一个华人的价值观。为什么新加坡独立数十年了，如今已发展成一个现代化的国家，那里的家族制和帮派制还未能铲除，就是这个历史状况的延续。南益集团至今还是家族所有制，其职工队伍还是以"福建帮"为主，主要是因为它是在这片土壤里生长起来的。可贵的是在家族和乡党（帮）的这个形式之下，南益集团保留了中华文化的传统美德——仁和义，扬弃了其中的恶习——狭隘和保守，又充实了西方殖民者带来的资本主义经营管理上的科学和民主精神。在家族内部，李光前从不实行个人独断的家长制，而是讲究现代化的友谊合作和民主协商。在乡党之中（对企业的职工），他以仁爱的精神贯穿于现金雇佣的关系之中，从而实现了企业内部的向心凝聚，又以科学的经济核算和管理实现了企业和职工的公私两利，摒弃了言义不言利的陈旧观念，这就使企业的运作既有规章所铺成的轨道，又有精神和情感所凝成的推动力。在乡党之外的社会生活中，他以义取信，用诚实的声誉造就企业的外部协调。用旧话来说便是"得道多助"。这种企业精神和品格处在尔虞我诈、投机取巧、掠夺吞并的资本主义世界里，就像黑夜中的明灯，本身就是一种压不垮的竞争力量。李光前就是用这种中国式的人文精神去实现人和的。尽管"天时不如地利，地利不如人和"，他也没有放弃对天时地利的追求。所谓天时和地利实际上就是处理主观与客观、人与物的关系。中国文化是人文精神多而科学精神少，讲究道德多而讲究格物（客观规律）少。因此，在继承中华文化传统的同时，李光前还努力吸收了西方的现代化的科学管理精神。他的审时度势、追求最新最全的信息，他的资本的投入和周转，生产和流通的运作，成本、工资和利润的核算，显然是向资本主义世界吸收而来的。有些学者喜欢争论，中西文化应该何者为体、何者为用，经年累月也得不到令人信服的结论，看来，多研究研究李光前这类出色的实践家的成功经验，也许更加有益。因为本来理论就是从实践中总结出来的。

在异国他乡，在殖民统治和多民族共处的社会中，李光前经过艰难困苦的实践摸索出来的这一套创建华人企业王国的经验，是特殊环境中的成功经验。对东南亚华人社会有深入研究的王赓武教授在他的《中国与海外华人》一书中曾经总结过东南亚华商的三个特征——"家庭作为贸易单位"，"摆脱官府的控制"和"企业精神的特色",这不正是李光前经营南益集团的基本特色吗?他还说,"华商在国外所须适应的不同环境""也同样适用于北美、澳大利亚和其他各地相对来说为数不多的商人"。"使中国人民在国外达到如此兴旺的那些文化价值,在今后中国国内的经济发展中是可以起重要作用的。"[1]可见总结李光前企业经营的经验有广泛而深刻的意义。

---

[1] 王赓武:《中国与海外华人》,香港商务印书馆1994年版,第226~232页。

第六章 高山仰止（1954—1967）

李光前传

奉献社会

1954年，李光前的南益公司各方面都已经上了轨道，事业蒸蒸日上。长子李成义从美国深造归来后，经过八年的实际工作锻炼，已经能够独当一面，各方面事务也应付自如。李光前见到这个情况，欣喜在心，决定辞去南益董事会主席的职务，把公司交给成义掌管全盘。这个决定，一来是为了把成义推到第一线，树立他的威信，并进一步培养他的才干，二来也为了腾出手来更多地办理社会公益事业。刚辞去董事主席，李光前还是照常来公司上班，当顾问，观察成义怎样处理各方事务。经过一段时间的考察，见他逢事处理得有条有理，没有私心，作风也十分正派，在董事会和职工中威信很高，他就十分放心了。这时，他也已经过了花甲之年，渐渐有了更多的道家思想，退居二线也符合他的"功成而退""无为而治"的方针。

王赓武教授在他的《华人华侨与东南亚史》一书中把东南亚华人分为四个时期：19世纪之前是闽粤唐人流寓时期；19世纪是华人（华民、华工与华商时代）；1903—1955年是帝国主义控制下的华侨时期；1955年起是东南亚独立自主时代的新华人时期。所谓新华人时期就是华侨们已经普遍完成了认同当地的思想转变。当时，抵制殖民主义，争取独立的民主斗争如火如荼，并取得节节胜利，新一代华人已经登上历史舞台。李光前看到，他的国家认同的思想已经被社会认可，被多数华人接受。整个政治形势正在朝着好的方向发展，他总是牢记陈嘉庚先生教育兴国的思想，历来热心教育文化事业，立志为社会作贡献，并不想在政治的巅峰上扮演弄潮儿的角色，他从来就没有任何政治野心。从这方面说，他确实有"急流勇退"的思想。但是这个"退"，照他自己的理解，是退出政治的风口浪尖，也是退回人民群众之中。

1952年和1964年，李光前两次把他自己在南益公司所占有的股份的大部分抽出来作为李氏基金（后来又分为新加坡李氏基金和马来亚李氏基金），每年这些股份所得之利也全部继续充入基金（也就是俗话说的"利滚利"）。至1964年，李氏基金拥有的股权占缴足资本的48%，也就是说，南益公司的资本有接近一半属于为社会提供福利的李氏基金。这个决策说明了，他决心使南益公司永远成为向社会提供福利的企业，以便贯彻他一贯的主张——取之于社会，用之于社会；同时也说明，他正在作退休前的准备。李氏基金会成立之后，他自任主席，逐渐把主要精力转移到社会公益事业上，为大众多尽一分贡献。从这一点说，他不是"退"，而是另一种前进，朝着另一个方向前进。

李光前办公益事业当然不是退休以后才开始的。早在1931年到1933年间，陈嘉庚公司的企业陆续被英国银行接管的时候，老先生急的不是自己会亏损和破产，而是厦门大学和集美学校的经费没有着落。他要求李光前向银行租下这些胶厂，以便作为办学经费的基金厂。当时李光前的南益公司在经济危机的打击下，本来就举步维艰了，为了支持岳父的事业，不得不咬紧牙关用60万买下这些厂子，再加上60万，办了义成联合公司，所以取这个公司之名，就是表明这是一种"义举"，当然也希望能够得到"成功"。从那时起（扣除沦陷期间），这个厂的收益每年都拿出一半作为厦大、集美两校的经费。

1934年2月，陈嘉庚公司被迫全部收盘，其饼干厂交李光前经营，约明抽利润的三分之二作厦大、集美两校经费。1936年，陈嘉庚又向李光前与陈六使各捐款5万，加上自己的其他捐款16万，在柔佛购下树胶园400英亩，作为厦大基金基地，月入息约2000元。1937年，厦大由国家接办后，李光前还是不负前约，继续支持厦大经费，后来李光前和陈六使又各投资100万，在香港创办集友银行，每年所得收益也提供作两校经费。对此，陈嘉庚一直感到十分满意。二战结束，新加坡光复后，陈嘉庚从印尼避难回来，李光前去接他时，老人抱住这个能干的好女婿，老泪纵横，久久不放。新中国成立之后，陈嘉庚已经回国定居，李光前即于1950年致函陈嘉庚，表示愿意负责厦大和集美的基建费。单是厦门大学，50年代扩建的校舍就比原来的面积翻了一番。建南大礼堂、图书馆、化学馆、物理馆、生物馆所组成的五座建筑群，四座芙蓉楼的学生宿舍及三列国光楼的教师宿舍，三座丰庭楼的女生宿舍，两座成伟楼作为厦大医院用楼，都是这时建成的，合计24幢，建筑面积近6万平方米，造价近300万元。[1] 从1950年到1959年，厦大、集美两校基建费之中，李光前支持的部分在500万元以上。

1964年李光前先生（右）与厦大校长、著名经济学家王亚南会晤

---

[1] 黄宗实：《李光前与厦门大学》，《李光前学术讨论会文集》，中国华侨出版社1995年版，第177～178页。

前文已经说过，陈嘉庚先生筹办的新加坡南洋华侨中学自1934年起由李光前接任董事会主席18年，不论在任上任后，他除了支付经常费、特别费，还捐8万元建科学馆，捐几万元建图书馆，另捐40万元建教室、宿舍和操场，前前后后，他所投放的巨资也是难以统计的。

战后，福建会馆在芽笼增办一家中学，建校时李光前负担了主要的经费，董事会议决，将该校命名为"光前学校"，他外出回来后得知此事，坚决不同意，1952年7月23日即致函福建会馆请求另定新名，至1953年2月4日，得知仍未改名，他又致函福建会馆陈六使主席，称："使弟焦急异常，如芒刺背，顷刻难安，因再专函奉达，万望体谅愚诚，设法更易名称以冀新校前途无限发展。"[1]之后福建会馆才把该校改称"光华学校"。

在马来亚，1946年6月成立华侨复校辅导委员会，他应邀出任主席，对马来亚许多侨校的复办也贡献了大量的资金。1947年3月，新加坡增办南侨女中，他捐出地皮和房产作为校舍。1949年新加坡创办马来亚大学，他认捐了25万元，又于1951年再捐25万元，供该校建造图书馆之需（并提出应优先购置包括马来文、华文、印度文在内的东方文字的图书），前后共捐50万元。1953年，陈嘉庚先生的堂侄陈六使开始发动捐资筹建东南亚的第一所华文大学——南洋大学。李光前一开始就热烈响应、积极支持，被推为筹备委员。他在8月10日就致函南洋大学执行委员会主席提出："南洋大学之创办，旨在推进马来亚教育，是以陈六使先生一经倡议，各区人士立即进行筹款，以示支持。鄙人及各有关公司及各地分行分布于星马各重要区域，如欲分别向各地南大筹委会认捐，则地区之大小，以及捐款之数目，颇难做适当适宜之分配，故集合有关各公司及各地分行之力量拟由南大筹委会成立之时起，至1957年止，在此五年内星马各地所募得由民众捐献之基金，以实收款额为根据，鄙人愿依南洋大学财政处以收得之总数，就上述各有关公司及各

---

[1] 《南洋商报》1953年2月10日。

分行共同筹措十分之一，以贡献南大为基金也。"①他一开始就献出100万元，若不满总捐款数的十分之一再凑足。后来社会各界总捐款数是950万元，他先捐的100万元的多余部分并未退回，又外加认捐了购置电脑的费用。1956年南洋大学开办之后，他还捐资设立学生奖学金。李光前先后为南洋大学所捐款数，前后加起来约为300万元。

在50年代，李光前又捐了巨款扶植家乡的教育文化事业，专门派了高级职员李五香回乡协助各项基建工程。重点扩建国光中学，新建楼房25座，5000多平方米，还有原来的4所小学也加以修缮，还增办了1所幼儿园，新建了影剧院1座，医院1所，乃至办水厂、电厂、植物园、体育场，使它们配套成为一个完整的光前学村。这个时期，学校总建筑面积达7.3万多平方米，建筑费达500万元。一切完备之后，他提议由新中国地方政府接办他所创办的各家中小学。1958年，泉州筹办华侨大学，李光前捐了300万元作为筹办经费。陈嘉庚先生逝世后，李光前又在他的家乡集美村建造了陈嘉庚纪念堂。

在英国殖民统治的时代，拿钱寄回祖国，支持家乡建设，曾被认为是"犯法"的行为，为了避开殖民者的干扰，李光前在泰国创办南益分公司时，注册名单上立了先父李国专的股份，这一股份的收益就专门用作汇往国内的开支。后来政府得知此事，就给李氏家族找过麻烦。李光前的幼子成伟为此被限制不能去美留学，只好改往加拿大。据说，当时的殖民政府曾派密探来福建调查，了解到确实汇钱到中国只是办公益，从未作为商业资本经营生息，加上南益公司在新马地区的经营历来遵纪守法，从未短少和拖欠税收，实在没有口实，才没有加以追究和惩办。

以上所列举的只是李光前在南益退休前后在新马和厦门、南安各地创办教育事业的部分事例。事实上，新马的华文中小学或多或少、或短期或长期

---

① 《南洋商报》1953年8月12日。

都接受过李光前的资助，他在教育事业上的奉献是难以悉数统计的。

如果说，李光前在退休前所办的公益事业主要集中于教育事业的话，在他退休之后，所贡献于社会的就范围更广，数量更大了。而且不但是资金上的贡献，还有更可贵的身心投入。从1954年退休到1964年患病，他晚年的主要精力就是放在创办公益事业上。

李光前在南益退居二线后不久，1958年新加坡政府成立福利局，当年12月又成立与此相应的社会团体——新加坡福利协会。由于他在南益内外创办社会福利早已闻名四方，立即被聘为这个协会的主席。而且一直连任到1964年4月得病之后，而政府的福利局主任则兼任该会的秘书。顾名思义，福利协会是专门办理社会福利的，从救济自然灾害到救助盲聋哑及老弱病残者，乃至教导挽救失足者，各种事务实在不少。当主席的既要带头捐献义款，又要发动捐助，还要到各地考察实情，落实各种福利资金的数额和措施。李光前对于福利协会的工作和经营南益公司时一样认真负责。直至50年代，新加坡还有不少贫民窟，那里有许多先前用茅草、木板搭盖的"阿答屋"，常常失火，偶有台风暴雨则被洪水淹没，每次遇有此类水火之患，李光前立即奔赴现场考察，带头捐款救济。协会为了筹款，常常举办义卖、义演、义展（展销捐助），平时不喜欢出头露面、发表议论的他，终于改变原来的习惯，经常出席大会，发表演讲。

除了捐款办学，李氏基金还在文化、卫生、体育等方面捐献了大量义款，这里只举述几项大宗的。

在图书馆方面，继1951年捐50万元扩充新加坡马来亚大学图书馆之后，1957年李光前又倡议把原来的莱佛士图书馆扩建为新的国家图书馆，他认捐全部捐款的10%，一次兑现37万元，附信要求购置马来文、华文、印度文之图书，并允许市民免费借阅。李光前先生应邀主持国家图书馆的奠基仪式，基石上写道："李光前先生奠此基石。这座房子是由其慷慨捐款促成的。"这两家图书馆，至今还是新加坡最大的图书馆。

在博物馆方面，早在1938年，李光前先生就曾和其他爱国华侨联合购下"晚晴园"给中华总商会作革命历史展览馆，该园是孙中山南来宣传革命时的据点。50年代，他又捐资建造厦门的郑成功纪念馆和华侨博物院。

在出版方面，40年代李光前先生连年为南洋学会捐款赞助出版该会研究成果《南洋学报》；50年代他捐资数千英镑出版英国科学家李约瑟（Joseph Needham）所撰的长篇巨著《中国科学技术史》（Science and Civilisation in China）。

在医药卫生方面，1951年，华侨所办同济医院决定扩建，李光前先生出任购地建屋委员会主席，带头捐款5万元购地建屋，为了该医院的发展，他前后捐款10余万元用于扩建和添置设备。1965年，他在辞去新加坡大学校长职务后，认捐100万元作为新加坡医药发展基金，按照该计划，建造专门医科学院及医学图书馆需470万元，他的捐款超过了总数的五分之一。

在体育方面，1964年新加坡中华游泳会要建造会所，他认捐所需经费的五分之一。他是游泳爱好者，因此发起成立中华游泳会，并担任过25年会长，后来一直是永久名誉会长。其间经济上对该会的支持自然也是长久而大量的。

在支持各种社团方面，1958年新加坡中华总商会建造新的会所，他认捐21万元，此外，他先后担任过福建公馆、南安会馆、暨南大学校友会、陇西李氏总会的主席或会长，也都为各社团提供过大笔的经济支持。

总之，凡是有益于社会进步、能提供人民福利、宣扬中华文化的事业，李氏基金会都乐于慷慨支持。就赞助的地区来说，无论是在新加坡、马来西亚，还是在中国香港、大陆乃至全世界各地都有人申请。就受益的人来说，其范围早已超越海外华人和中国人，新马的受惠者则有许多马来人和印度人。在新马地区，无人不知有个李氏基金会，无人不知这个基金会是李光前献资设立的。新加坡的绝大多数人民都或多或少或直接或间接地受惠于李氏基金。正如新加坡大学林国安教授在一次集会上说的："新加坡人民直接或间接没有受到他的慷慨输将、乐善好施的惠泽的人，应该是非常少数。"①据统计，从李光前先生建立李氏基金会到他逝世时的 15 年间，奉献于社会的款额在 2000 万元以上。作为南益公司最大的股东，李氏基金 40 多年来一直在不断地增益，总金额已达 2 亿元，大约是人们所熟悉的诺贝尔奖奖金的 10 倍。

---

① 《南洋商报》1965 年 11 月 27 日。

高风亮节

李光前先生的晚年，不但对社会贡献越来越大，而且愈来愈表现出令人感动的高风亮节。有的人办公益事业是为了立个牌坊，在石头上刻上不朽的名字，让后人知道他的恩德；有的人办公益是为了存历史，让后人敬佩他的功劳；还有人办公益是为了获得广告效应，拿荣誉称号，提高知名度或社会地位，使自己的事业得到更好的发展。这些人也确实为社会做了一些贡献，但那不是目的，而是手段，不是终点，而是为了达到另一个目标的起点。李氏基金会每年的捐款除了受到赞助单位登报酬谢，从来不在报端公开发表，李光前平生出钱盖过的楼多到数不清，从来就没有用自己的名字去命名过。比如，1943年，李光前在故乡所办的国光中学，一般人都认为是李国专和李光前各取一字拼成的，最近查看族谱，才见到真实的记载。原来是出自芙蓉乡前清朝拔贡李家驹为李光前先生的父亲李国专写的小传里说的："中校名署国光，谓其急公尚义，侨梓垂芳，乃邦国之光，非闾里之荣也。合阐扬以示后焉。"战后，他捐资为福建公馆建中学，命名时众人把这所新建的中学定名为"光前学校"，待到他从外地返回得知此事，遂力辞用自己的名字命名，后来经办者才把它改为"光华学校"，这和"国光中学"的命名初义可以互相论证。1956年他所捐建的南洋大学的礼堂。厦门大学50年代所建楼群有芙蓉楼（男生宿舍三大座）、丰庭楼（女生宿舍三座）、南安楼（物理馆）、国光楼（教工宿舍三长列），都是用的家乡的地名和校名；用人名命名的只有三个儿子的名字：有成义楼（生物馆）、成智楼（图书馆）、成伟楼（医院），唯独没有光前楼。用他的三个公子的名字命名，只是为了寄托他的希望——让孩子们日后也去办公益事业。他把自己在南益的股份大部分归入李氏基金会，并注册为受法律保护的"法人"，也就是为了保证他所开创的奉献于社会公益的事业，能够永远地传承下去，使子孙后代永远无法把它瓜分为私人财产。

1962年7月13日，李光前先生就任新加坡大学首任校长，在就职典礼上，原马来亚大学校长麦克唐纳说："在过去15年中，新马两地政府多次欲请光前先生出任显要的高职，但均为他所婉辞。他虽有崇高的社会地位和富有的产业，但'富而无骄'的高尚品格始终没有变。"[1]

南洋大学筹办人陈六使也说过，1956年创办的南洋大学曾多次请李光前先生出任校长，他也婉言辞谢了。

1967年2月，新加坡中华总商会的全体委员，出于对李光前先生在总商会诸多贡献的敬重，一致延请他当名誉会长，他坚辞不受，说道，"我平生最讨厌者便是挂名而不做事，这样的名誉会长，我是绝对不能接受的"。

可以说，李光前先生的前半生"以仁义之心待人，以信义之道办事"，使他的实业获得了成功；到了后半生，他恪守的准则则是"富而无骄"和"富贵于我如浮云"。50年代之后，他显然从儒家的"积极进取"逐步转到了道家的"功成不居"和"无为而治"。老子《道德经》中所说的"功成不居"便是道家寻求自然超脱的集中表现。他曾在战后把《道德经》的英译本印发送给许多欧美的朋友。他的老同学陈维龙说："在其后半生成功之后，他又似信老庄。"这是有根据的。晚年的李光前，确是以办理公益事业、奉献社会作为一种终极的目标，以此来为生命画上句号的。

光前先生办公益事业、奉献社会，不遗余力，而又不署名、不声张，不图回报，总使人想起杜甫的名诗《春夜喜雨》："好雨知时节，当春乃发生，随风潜入夜，润物细无声。"这不就是最好的写照吗？

然而，世界上的事情就那么怪，有些人孜孜以求的得不到，有些人无意追寻的却不能回避。李光前先生晚年得到的荣誉头衔确实不少。1957年9月，

---

[1] 《南洋商报》1962年7月13日。

马来亚柔佛苏丹授予他拿督（Datuk）荣衔，后来马来亚国家元首又授予他丹斯里（Tan Sri）及P.M.N.（Panglima Mangku Negara）等头衔。1958年10月25日，马来亚大学授予他法学博士学位，1965年11月27日，新加坡大学授予他文学博士学位。

那么，他是怎样对待这些荣誉的呢？这里举两个例子来说明。

1958年马来亚大学要授予他荣誉法学博士学位时，事先征求他的意见，他说，"只希望能做马大的名誉学生，要授予博士，未免受之有愧。"在庄重的授誉仪式上，他说：

> 今日本人得在众多专门学者之前，接受贵大学颁赠名誉博士学位，实感荣幸与感谢。此种赠典，想系大学对各界人士于教育有所贡献者之一种表示而已，本人厕身工商界，自愧曾无贡献，夫何敢当？
>
> 东方民族历来重农，视商业为无关轻重，故列商人于士农工之后。……
>
> 古代贸易，虽无关国家大计，然于东西洋间以有易无，调和物资，籍应人民需要，其功诚不可没。东方丝茶及热带土产，均为西方人士之亟欲获得者。……
>
> 明之郑和七次下西洋，航行游弋于马六甲、爪哇、锡兰等地，且远溯波斯湾，对于商务之推进，亦有足多者。……
>
> 西方国家，以贸易为国家命脉，与东方国家正相反，许多国家，其繁荣均赖商人之经营发展也。……现代工业化之国家，其政府对于增设各科学专门学校及技术实习，数倍于四五年前，且又特别尽心竭力以赴之。
>
> 星马教育设施，在东南亚可谓首屈一指，而位于东西方交通枢纽，融合阿拉伯、中国、印度及西方文化于一炉，宛如联合国之缩影，耳濡目染，源远流长，人文优越，世罕为匹，有地灵而后有人杰，优秀青年之众多，乃为各国人口比例之冠。本人深信，本邦各高等教育机

构毕业生，均能出类拔萃，成为东南亚人才之渊薮，不但足为本邦服务，且能供应邻近友邦之需要也。"①

1959年，新加坡独立后，新、马属于两个兄弟国家。1961年年底，经过协商，原办在新加坡的马来亚大学分成新加坡大学和马来亚大学。新加坡国立大学成立后，该校理事会和评议会在讨论各项问题时多有争议，唯独延聘李光前先生出任首任校长，大家意见完全一致。许多人都说："东南亚没有

1962年6月12日，李光前先生就任新加坡国立大学首任校长

---

① 黄美萍、章星虹编译：《李光前文稿、讲辞与信函选编》，新加坡国家图书馆委员会2008年版，第78~79页。

任何一个比得上李光前先生对教育所作的伟大贡献。"1962年6月12日，在李光前先生就任新加坡大学校长的典礼上，前任马大校长麦克唐纳说："李光前博士具有卓越的学识、坚韧的毅力和慷慨热心教育的精神，是东南亚教育界、文化界，各大中小学校和图书馆的热诚朋友。他是最适合出任新加坡大学首任校长的人选。"

接着，李光前先生致辞说：

> 敝人今日被委为新加坡大学校长，荣幸之至。然自念才疏学浅，甚感汗颜。
>
> 前任马来亚大学（即本大学前身）的校长麦克唐纳先生（Malcolm John MacDonald）是学问渊博的学者、眼光卓越的政治家，由于他的领导，使成立不久的大学能有了巨大的影响和久远的贡献。现在大学理事会和评议会决定将校长的重任加在我这个既非学者也不是政治家，只是一名普通公民的肩上，这应该是为了配合当前东南亚的情势，让大学与民众之间有更加密切和谐的关系。可慰的是本人能够得到经验丰富的理事会、评议会的协助和表现卓越的教务会的指导，副校长、教授、职员等也乐于通力合作，负起教导的责任，循循善诱，启迪学生进取，满足其求知欲。位于新加坡的马来亚大学具有牢固的基础和充沛的活力，并蒙各校外考官的尽心尽力，得以维持很高的学术水准，我们有理由相信，今后大学将发扬光大已有的传统，在满足东南亚对教育事业的需求方面，做出应有的贡献。
>
> 我们的青年学员学习热情充沛，好学心切，又有很好资质，是优秀青年中挑选出来的，是与这座有光辉过去、卓越今天和灿烂未来的城市一同成长的。……本人于1903年来到此地，60年来，看着这个小贸易站成长壮大为今日东南亚的商业金融、教育文化的重镇。中小学教育甚为发达，堪列东南亚前茅。我们希望，本大学能在本国社会中负起当仁不让的责任，符合众望，为本邦及邻邦服务。
>
> 为促进本地多民族的融洽团结，最好途径莫如给以进步、完整的

教育和开明的思想，使各民族忽略彼此的差异，重视共同的文化传统，不分彼此，融合一体。大学不是使人引以为荣的工具，也不能限于传授知识和技能，而应该是人类获取自由意念、接受灵感启发的精神乐园，我们的责任在于引导学生不断前行，增广视野，掌握知识，追求真理，获得智慧。

世界上不同国家和民族，常因互相猜忌、畏惧和仇恨而导致冲突。今日，人类的知识和科学技术已大有进步，如能致力于学术的探讨，利用现代科学的卓越成就，发展善意的合作，诚不难去除以往的困难和障碍。我们应该建立一个更美好的世界，使导致仇恨和争斗的精神物质的障碍逐渐减少，直至完全消除。

这个刚成立的新加坡国立大学，如果要成为这个地区的学术中心，成为社会进步发展的永远推动力，促进东南亚科学文化的进步，就有赖于我们大家的精诚团结，包括全社会的民众、大学赞助人协会、理事会、教务会、教职员、校友会和全体学生们的共同努力。

古罗马哲学家西塞罗（Cicero）说过："教育和指导年轻人，是我们对国家最好最大的贡献，舍此其谁？"本人愿向新加坡的青年们保证，我们大学里的每一个教职员，都将本着新加坡公民的合作友好精神，奉献自己所能，竭力为大家服务。

中国哲学家孟子说得好："得天下英才而教育之，一乐也"。

我用一句充满睿智的马来格言结束今天的演讲："唯有苗正秧壮，方能粮稻满仓。"[1]

新加坡国立大学是在新加坡独立不久的民主气氛中成立的，这是新加坡历史上的一件大事。李光前先生首任其校长，说明了他对社会事业有巨大贡献，他的学识才华和思想品格在社会中已经有着广泛而深刻的影响，人民给他的这份信任和荣誉可以说是他一生中得到的最高奖赏。读了他上述的演讲

---

[1] 黄美萍、章星虹编译：《李光前文稿、讲辞与信函选编》，新加坡国家图书馆委员会2008年版，第44~45页。

词，我们就能看到在这份最高的荣誉面前，他的态度还是那么谦恭，心胸还是那么宽广，一点也没有居功自傲、盛气凌人；对于教育事业的未来发展，他有远大的眼光和坚强的意志，他并没有把它视为荣誉的终点，而是视为事业的新起点。看看他那永远置身在民众之中的态度，时刻想着各民族团结的愿望，一心想着奉献国家，造福东南亚的精神，谁能不为之感动！

在担任新大校长的4年间，李光前先生，不是挂个空名、徒享其荣，而是"全力恪尽职责"，很快就受到全校人士的爱戴，上至副校长，下至学生，无不觉得校长是那么和善可亲。每一个人都可以向他倾诉困难，并向他寻求解决办法。在他因病辞去校长职务之前，新加坡国立大学隆重地授予他荣誉文学博士学位。"管理大学对他是轻而易举的事，他能够在同他一起工作的人中选用最好人才，而他丰富的社会经验，是我们智慧的宝库，以备我们在必要时去取用。"这是林国安教授在代表新大致辞授予李光前先生文学博士时说的话。他还说："有些人的个人成功史，亦即我国历史的一部分，李光前就是这种人物之一"。[①]

李光前辞职后接任新加坡国立大学校长的是新加坡国家元首尤索夫。

[①] 见《南洋商报》1965年11月27日。

一代完人

也许有人会说：如果我赚那么多钱，我也会乐善好施，贡献给社会。然而李光前先生奉献给社会的，并非只是他视为身外之物的金钱，还有他的全身心。他在福利协会时的辛苦奔走，他在当新加坡国立大学校长时的尽职工作就可以说明这一点。不仅如此，他还多次为医院贡献宝贵的鲜血。他一生多少次献血，亲朋好友们有诸多说法，有人估计达20次。长期同他共事的李成枫先生说："我知道的至少有六次。还有一次是他60岁的时候，医院按章拒绝接受，没有献成。"那时候，一般人还把抽血看成伤害身体的大事，光前先生在当商会主席和福利协会主席时，为了宣传发动，常常带头献血。有几次他自己或家人生病用药，治愈之后，他还把中药单方贡献给社会。早年他的长孙得过一种怪病，连美国医院也无法治疗，服用香港中药数剂后，竟然痊愈了，他就奉献出来，后来医院经过化验将几味中药加工提炼成片剂，留备救治其他病人。他自己在上海接受癌症治疗见效，回新加坡后，也把单方公之于众。从这些细节也可以看到，李光前先生时时刻刻想着别人，连患了病也没有忘记奉献社会。

李光前先生对社会是那样无私奉献，个人生活则是十分简朴。他不但从未涉足于声色之乐，从未雇用过专职厨师，平时伙食十分清淡，喜欢吃粥，包括童年时代在家乡通常所吃的番薯粥，而且遵奉"食无求饱"的旧训，有意节食。他常说："豪饮豪食后患无穷。"由于长期粗茶淡饭，当他晚年发病后在上海治疗检查时，竟发现他长期营养不良。一个亿万富翁，竟然营养不良，不但医生们不解，怕是连一般人也难以置信。至于穿着，他也十分随便，有一次，当他到西马的一家南益的分厂察看生产情况时，守门老汉见他穿着平常，坐的又是旧车，也没有随行人员前呼后拥，坚决不让他进门。光前先生自报其名之后，老汉说："我们的大老板哪会像你这个模样！"以为他是冒充讹诈。对光前先生说："你还是赶紧走吧，否则我就只好报警了。"这时，正好厂里出来了一个认识大老板的人，才解了禁。老汉怕得连连赔不是。光前先生不但没有责备他，还给他赏钱，感激他能够严格照章办事。

有个朋友回忆说，50年代，有个从美国回新加坡的朋友给他带来两件入时的高档衬衫，他总是收藏着，待出国开会时才穿用。他到外地旅行时，箱里常常带着针线盒，到了晚年他还坚持自己动手缝缝补补的老习惯。二战之后，他已经有亿万身家，有一次到日本旅行时还多次去乘坐廉价的电车，以致有些日本商人因此而说他吝啬小气。事后说起这件事，他对朋友说，"坐电车可以了解下层阶级的人的生活境况，有什么不好？"

按照闽南社会（包括闽南人占多数的新加坡人）的旧俗，不要说百万富翁，就是中上人家，逢年过节或者婚丧喜庆，总要大肆铺张一番，拜祖祭神，宴请宾客，相互攀比。在这点上，李光前先生却是一个地道的叛逆者。他平生不言宗教，不信鬼神，对于繁文缛节也一概回避。儿女婚嫁，从不发送请柬、置办宴席讲排场。他自己逢五逢十也从未举办寿庆。他常对朋友说，"你发了请帖，别人不能不应酬，这不又苦了别人。"原来他还是在为别人着想！曾当过李光前家庭教师的吴体仁先生就回忆起一件事：战后的一年，有个文教界的前辈，因为丧妻失子，经商失利，晚景落魄，光前先生既敬重他又同情他，就在老先生过生日的前一天，和孙儿孙女们商量，"我从来不让别人祝寿，也不便为别人祝寿，请你们把平时的储蓄奉献一些，我也加些，由你们去向他祝寿，好不好？"小孙们都高高兴兴去办了。过后光前先生又表扬了这群小朋友，"同心合力，为善最乐"，加倍偿还他们的奉献。他这样做既资助了老人，又教育了后代要尊老敬贤。

时代更新，世事万变，新思想、新科技不断更替，李光前先生之所以能够顺乎时势使事业得到发展，还能得风气之先，成为引领时代潮流的先知先觉者，成为新时代的华人领袖人物，除了他的崇高品格和天赋资质，还得益于他的谦虚好学、更新自强的精神。20世纪上半叶，世界上经历过两次大战，战后的冷战、热战也从未止息。在新加坡这个东西方要冲上，各种政治力量、各种思潮的较量纷繁复杂，科学技术的发展更是日新月异，商业企业发展为跨国公司后，竞争愈发剧烈。在这种大变革的情势之下，要跟上时代的潮流是多么不容易！尽管他青年时期学涉中西，早就善于融会贯通，但依然有许多新东西需要学习。他在继承中华传统文化方面是矢志不移的，在吸取新知识、改善自己的不足上又从不保守。他自从步入社会、创办实业，就养成一种"每事问"的习惯，下属的许多合理化意见，很快就被他采纳或参考。他十分热心地参加各种学术文化的研讨座谈，与人谈文论道，扩大自己的视野。直到他的晚年，南洋学会举行学术演讲时，他都坐在最前排聆听。光前先生的好学精神不但在理论上如此，有时一个字也不放过，敢于不耻下问。有人回忆说，一次在中华总商会开会员大会时，他看到了一个未曾见过的简体字"让"，便请问邻座的朋友，经朋友指出这是新的简体字后，他立即说："改得好，很有意思。"

平时他每周必有一次午餐会，延请过埠的各界名流在华侨银行顶楼共进午餐，不但增进友谊、加强团结，而且可以借此交换各种有关信息。除了这种面对面的接触，他还极为重视异国专家之间的函牍往来，乃至到书局搜购新出书刊。他向来提倡华人要与马来人团结，这绝不是空话。在新加坡独立前后，他已是花甲之人，为了提高"国语"（马来语）水平，他专门延请马来语专家教授马来语，那一阵子，外出开会他便带着袖珍机，利用空隙时间听马来语录音。

当他成功成名、威望日高之后，只能听到颂扬的话，他非但没有因此而自得，甚至骄傲起来，反而时刻想着要约束自己，防止差误。他晚年时，经常询问几个好友或南益的高层管理人员，"外间对我有什么反映没有？"因为这种探问是真诚的，而且确实是"闻过则喜""知过必改"，所以身旁的下属或亲友也愿意向他坦诚地提意见。有一次，光前先生去吉隆坡厂里巡视，午餐时，小老板多备了几样菜，他竟然发脾气批评说："我在新加坡是没得吃吗？用得着你来铺张浪费！"后来李成枫就向他提意见，不应该这样对待下属，那些菜并不是用公司的钱呢！过后，李光前还向那位下属赔了不是。

李光前先生的为人就是这样，不论从哪个角度去看，都像是一座使人仰望的高山。在政治风云中，他先知先觉，明辨是非，不愧是一位智者；在发展实业上，他是富于雄才大略的勇者；在社会事业上，他一心奉献，始终如一，毫无利己之心，是个十足的仁者；在思想风格乃至生活细节上，他也修炼了一般人难以达到的崇高品格，是一位令人敬仰的贤者。无怪乎当他劳累一生、安然归去的时候，多少人都异口同声地赞叹："真是一代完人！"

"一代完人"，这就是那些日子里报端最常见到的哀悼文字。

灿烂的晚霞

由于长期的劳累，平日又未能注意调养身体，李光前终于积劳成疾。1964年10月间，他开始感到身体不适，右腹隐隐作痛，饮食减少，本来就已瘦削，体重又再下降。经医生诊断，得的是肝病。1965年1月下旬，在香港医院作切片检查时发现是肝癌晚期，已无法动手术切除，建议作中医治疗，家人一面对他隐瞒病情，一面立即决定送回中国调治，先生却以为病灶已经切除，高高兴兴准备回国观光。2月间，由夫人陈爱礼、次子成智、长女淑琼及李成枫等陪同，光前先生经香港回到内地。

半个世纪里，由于事业的奔波和时局的动荡，光前先生一直没有回国过。这次突然回到了陌生的故国，他真是百感交集、心潮澎湃。虽然，由于病魔的侵袭，体力已经很差，来到广州，住进宾馆，见到服务人员彬彬有礼，周边环境整洁非常，社会安定，市面繁荣，他的精神十分振奋。专程从北京来迎接他的方方、庄明理，既是中央侨务委员会的领导，又是他在新加坡相处多年的老朋友。在欢迎宴会上，他激动得泣不成声，说不出话来，一时也不知从何说起。数日间，他兴致勃勃地到佛山、从化等地参观游览，四处景象和昔日旧中国的衰败零落相比，真是不可同日而语了。这是他未曾想象到的。这位爱国者为此感到无限欣慰。

陪同的人急着要为他治病，恰好当时许多全国著名的中西医会集在上海，参加第二届全国肿瘤学术会议，在中侨委的关心协助下，遂即前往上海，在和平饭店下榻。五位著名医生组成治疗小组为他进行了全面的检查和会诊，确认为肝癌之后，决定用中医治疗。每天由医护人员送药五次，就在宾馆里服用。由于他精神状态极好，医生治疗也十分用心，一个多月之后，竟然症状尽消，胃口大开，体重也有了回升，医生认为可以回家休养，继续服用中药治疗。他自己也很高兴，以为已经把病治好了。

周恩来总理得知他治疗见效，身体好转，专门延请他到北京游览。在夫人、儿女等的陪同下，他经过南京，来到了阔别54年的北京。许多故友都来拜访他，提起三四十年代的艰难往事，无不感慨万千；见到眼前的情景，却又无限欢欣。周总理在百忙之中，专门安排了在人民大会堂会见他，同他做了长时间的谈话。总理亲切地询问他离开中国多少年了，祝贺他在事业上的成就，感谢他对教育事业的巨大贡献，称赞"嘉庚先生和光前先生翁婿的爱国壮举是一段千秋佳话"。还特别注意询问他在新加坡时和各族人民的关系，勉励海外华人和当地民族和睦相处，友善合作，尊重当地的法令和习俗。周总理是国家领导人，在海外华人中有崇高的威信，光前先生也十分敬重他，在亲切交谈中，他告诉总理，他是一个新加坡的普通公民，历来和那里的马来人、印度人都相处得很好，也学会了马来话，在和其他民族友好相处这一点上，他确实和周总理的心是相通的。这次接见之后，李光前对接待、陪同他的庄希泉说："祖国有总理这样的领袖，复兴有期啊！"

离开北京后，光前先生回到了久别的故乡，见到他捐资兴建的光前学村欣欣向荣，为家乡作了贡献，他感到十分欣慰。各级领导人都亲切地拜会他，感谢他为家乡所作的贡献。短短的几天，他带着夫人儿女到先父坟上默哀，重访童年故居，接见亲朋好友，询问了学村里的种种情形。他那平易近人、谦逊和蔼的作风，给所有接触过的乡亲，都留下了久久难忘的印象。

为了节劳养病，在芙蓉小住数日，光前先生于1965年5月23日经过香港，飞回新加坡。

经过半个月休息，6月8日，光前先生在南益总行办事处接见记者，千千万万的人都在关心着他的病情。他兴致勃勃地用华语、英语和马来语回答了大家的问题，整整谈了一个半小时。他一再向各地帮助他治病的医生表示感谢，也向关心他病情的朋友表示感谢，他赞扬中国医生的精心治疗，使他一切恢复正常，病确实好了，并说他的体重从107磅增加到115磅。谈到他对中国的印象时，他说中国现在粮食充足，人民生活安定，大家都十分勤劳地工作。当记者问到会晤周恩来总理的情形时，他只字未提总理对他的褒奖，只说，周总理要海外华人同当地民族的人士保持良好的关系，和睦相处，友善合作，四海为家。"四海之内皆兄弟也"本来就是中国的老话。

在疾病面前，光前先生没有丝毫的恐惧和悲观，他早已把个人的安乐和忧患置之度外了。此时此刻，他还是关心别人比关心自己多，心心念念故国的前进和所在国的民族团结。

这回，他遵照医生所嘱，真正在家静养了。不久，他辞去一切职务，包括新加坡国立大学的校长和华侨银行董事长这两个最重要的职务。此后的一年多时间，真正得以安享天年。平日在家读点书，看看报，散散步，欣赏欣赏字画，时而接待宾客，谈谈天。曾有人问过他："平生所办事业如此成功，有什么秘诀？"他淡然一笑，说："一半靠勤劳及健身，一半靠机遇。"后来，他又说过："凡在工商业上成功者，就是最会利用银行信用的人。"也有热心的朋友出于敬重，想为他写传记，对此他却不甚热心，他历来就不愿意用各种方式来为自己歌功颂德。

晚年的这段不长的时间，对光前先生来说，真是从未有过的好光景。"无官一身轻"，看到祖国有了进步，新加坡独立后也发展得很好，他确是沐浴着晚霞，在悠然闲适中得到了休憩。他的客厅里挂着一对条幅，写道："事能知足心长惬，人到无求品自高。"这正是他的这段"晚晴"时期心情的写照。

至今，人类还未能征服癌症之害。由于良好的调治，也由于光前先生的超然洒脱，他所得的不治之症竟然控制了两年之久，在此类病史上也算是一个奇迹了。最后，这位奋斗了一生，创造着诸多奇迹，为千百万人所敬仰的一代完人，在他的武吉知马蒙罗诗路的家中，安然地闭上了眼睛，那是1967年6月2日下午6时40分。

临终之时，先生交代家属，丧事一切从简，并强调：不必有向遗体告别仪式，来宾只要向遗像行注目礼；火化时不做新衣，只穿平日衣服；骨灰盒不必比别人大，按顺序编号即可。不奏哀乐，不用锣鼓，辞谢一切花圈、挽轴和赙仪。

一息尚存，他还在为别人着想。

李光前先生治丧委员会遵照他的意思，在发布第一号讣告时，只说："李光前先生已经逝世。"在他的名字前面，没有加上任何头衔和荣誉称号。这是他的本意，对于任何知道他的人来说，也都不必再加上这些附加的符号。

噩耗传出，新马各界为之悲恸，唁电自世界各地传来，从当天晚上起到发引出殡，到李府灵堂向光前先生作最后敬礼告别、向李夫人及诸亲属表示慰问者络绎不绝。从国家总理、政府官员、外国使节、工商巨子、社会贤达，到教育界、工商人士乃至平民百姓，不分等级，不分民族都在为这位贤能和知己深深地哀悼，追思他的伟大贡献和伟大人格。

李光耀总理的唁电说："惊悉李光前先生遽捐馆舍，我与同僚同声唁悼。光前先生为社会所钦扬，并非由于富甲一方，而是由于其对我国社会进步所作贡献，尤其是教育方面贡献。我相信其平生善举，将通过其所创之基金会，赓续发扬，而对国家今后进步有所裨补。"

中华总商会会长孙炳炎闻讯从外地匆匆赶回。他说："李光前博士在世时，不分种族、宗教及阶级都予以赞助，在慈善、教育、医药及各种公益事业做出伟大贡献。国家经济繁荣及人民福利的普及，他的功绩不可磨灭。各民族人士对他都极为尊敬。他是声誉极高的伟人，却不愿出名，难能可贵。他的逝世诚为国家社会之最大损失"。

马来商会会长沙里峇沙家喜和印度商会会长那玛陈德南说："他是各民族社会的好朋友，他的逝世不只是华人社会的损失，也是所有社会的损失，整个国家的损失。"

新加坡联盟党秘书长李金泉说："李光前先生是新加坡有史以来对当地贡

献最多的人，尤其是在慈善及教育事业方面，没有一个人贡献比他更多，而且他的贡献是不分肤色和种族的，在我们这个多元种族的社会中，他是一个模范人物。"

新加坡全国职工总会秘书长佘美国说："李光前先生是一名工人，从来不曾停止作为一名工人，他永存在所有工人的记忆中，没有人的出生比他更平凡，也没有人比他过着更忠诚的生活。在新加坡，也没有一个人在事业上比他更有成就。他虽然富有，但平生慷慨助人，他给予别人的总比给予自己的多。"

新加坡大学副校长林溪茂说："李光前先生是新大的头一位亚籍校长。他出任校长三年多，成绩卓著，深受师生的爱戴。新大的各种活动，他都必定出席，同师生一起自由交谈。他是东南亚教育界最特出的慈善家。新大的师生都从他的慷慨行为中获益。"

南洋商报同仁的挽联写道："死有重于泰山，正举国尊贤，口碑载道，奈何骑箕竟去，忍令袍泽伤心，亲朋洒泪；生无渐乎素行，宜与人为善，青史流芳，安得化鹤归来，伫看明堂颂德，廊庙歌功。"

6月3日，新加坡大学为悼念李光前停课一天，文、理、医各学院下半旗志哀；华侨中学举行哀悼仪式，下半旗志哀。

李光前的葬礼定于6月4日下午2时。那天一清早，李府便挤满了送殡的人群。执绋的各界人士五六千人，政府首要、各国使节和工商界名流毕至，大小车辆200多部。队伍所过，交通为之阻塞。不长的路程，悲哀的人群缓缓走了一个多小时。虽然烈日当空，还降了一阵骤雨，队伍仍是一片肃穆。虽是一个极其简单朴素的葬礼，十里狮城久久沉浸在沉痛的哀悼之中，人人都在惋惜国家民族的这一重大损失，人人都在追思他的伟大贡献和崇高品格。他的生荣死哀，海山为之震动。

1967年6月4日，新加坡李光前先生殡仪上万人冒雨送行

第七章

源远流长

李光前传

青山长存

从李光前先生诞生到现在，一百多年过去了，他的归去，也已经过了半个世纪。这位东南亚的华裔巨人所创建的事业，像一座青山，至今还屹立在世界的东方，默默无语，朴实无华，却又欣欣向荣地拥抱着大地，致荫着后人。他的形象，他的精神，也像一座青山，矗立在千百万人的心中，成为无言的丰碑。

东南亚的华裔企业家中，创建跨国公司，成为百万富翁、亿万富翁有很多，大办公益事业、为社会做出重大贡献的也不少，但是在第二代、第三代继承人的手上，能够得到坚持、继续发展的却不太多。这就是俗话所说的，君子之泽，三世而斩。激烈的资本竞争、动荡的政治局势，像一阵阵狂风暴雨，冲击着所有大大小小的企业大树，能够岿然不动的，只有那些根子深深扎入大地的巨株。李光前创建的企业，一不投靠政治势力、寻求权贵作后台，二不靠投机、吞并或者靠掠夺不义之财来维系。他靠的是一套中式的仁义道德和西式的精明管理相结合的经营体制，所以他的南益公司能够长盛不衰。他办慈善事业也很讲究下一代的接棒，所以能够不断地"取之于社会、用之于社会"。正因为这两种南益精神都能一代代传承下来，在他的身后，不论是经营企业还是创办公益事业，都能继续得到繁荣和发展。

李光前不但是名出色的企业家，也不愧是一位教育家。不论在企业、学校还是家庭内部，他身教重于言教，事事用自己的表率去影响别人，用信赖和友谊去感化别人。他的企业就像一所学校，精心物色的管理人员都是优秀的教师，上上下下，每一个南益职工都能恪守南益精神，像一个大家庭一样，同心协力地办好企业。他所主事的学校，不论是华中还是新大，师生们都把他当成亲切的朋友，各尽其职，学校越办越好。对于子女，他总是让他们用中学打基础，用西学深造，达到中西融会贯通。平日家庭教育则崇尚"勤能补拙，俭以养廉""戒骄戒躁""克己待人""务求实际，不图虚名"等训条，形成了极好的家风。他的三个公子，一经成年就让他们在南益企业中锻炼成长，果然很快就成了出色的接班人。

李成义（1921—2016），毕业于美国宾夕法尼亚大学，1946年回新加坡掌管南益树胶业。1954年任南益集团总裁，扩展各业成为跨国企业。1957年任李氏基金会主席，继承父亲发展公益事业。1992年新加坡政府授予他公共服务星章。2008年第六届国际儒商大会授予他"国际十大儒商"称号。

李成智（1923—　），毕业于美国宾夕法尼亚大学，回新加坡后掌管南益集团黄黎等产业，成绩卓著。先后任马来亚大学与新加坡国立大学校务委员，并为新加坡古迹保留委员会委员，国家博物馆咨询委员、文物理事会理事。1992年设基金会赞助中国发展国际象棋。1995年捐建李成义公共图书馆于南安市，并于2005年升为国家一级图书馆。

李成伟（1930—2015），获加拿大多伦多大学学士学位和西安大略大学硕士学位。1966年为华侨银行董事，1995年为董事长。曾任新加坡总统顾问理事，国际基金会主席。2007年创始淡马锡信托基金会任主席。

他们虽然都继承和发展了家父的事业，但是也都继承了父亲的埋头苦干的精神和谦逊、谨慎的风格。

1954年李光前退休时，有人估计过他的家产大约有3亿新币，包括华侨银行30%的股票，7万英亩的树胶、油棕和黄梨园以及20多家公司。在他交班之后，1967年就有了26家公司。到了他的身后，南益集团的各个方面都有新的发展。单就华侨银行的情况而论，据《新加坡商业》1980年12号统计数字，从1968年到1977年，总资产从8.3亿增长为37.7亿，翻了4倍多，净利从697.9万增至3951万，翻了5倍多。1975年，华侨银行在全世界31个国家设有分行或代办处。1976年起，它还控制着数十家子公司，仅8家较大的，总资产就达11亿多元。1974年起，华侨银行和大华、华联及新加坡发展银行各投资四分之一，又另外成立了新加坡国际银行，走上了新的发展阶段。从那以后，南益集团的资产没有人再做过重估，当年的树胶园每英亩只值一二百元，后来涨到数千元。地产的价格更是数百倍地增长。如果把南益集团的资产重估，可能已在百亿以上。1987年10月份的美国《财富》(Fortune Magazine)杂志刊布的全世界100位亿万富翁中列入了银行家李成伟，当时估计的资产是10亿美元，这仅仅是指华侨银行的资产。

由于南益企业的继续发展，李氏基金会的数额也在不断地膨胀，每年所奉献给社会的也不断在增加。1954—1967年间，每年在1000万以上，1967年以后就多了。按照老传统，"行善不为人知"，这个基金会每年赞助的各项事业，从来不公布、不宣扬。举例说，单是新加坡国立大学所建的李光前文物馆，1990年就拨款18.5万美元，而在1991年捐赠的更多达30万美元。

在李光前身后，李氏基金会由李成义掌管。基金在银行里照样增值，各项公益事业也一如既往地照样发展。50年代初期，厦门大学早已由国家接办，李氏基金还是用巨额投资建造了面向厦门港的容纳5000座位的"建南大会堂"和其他4座办公大楼、4座学生宿舍(芙蓉楼)和3排教工宿舍(国光楼)。集美学校和芙蓉村的国光中学也大兴土木，建造校舍、运动场、医院、幼儿园。1991年，南安县又成立了芙蓉基金会，扩建学校、医院的各种设施。1993年华侨大学建造陈嘉庚纪念堂，赞助举办有关会议等，所耗费资金数量巨大，具体数字是很难统计的。

这是一座有形的青山，这是大实业家、大慈善家李光前给后人立下的丰碑。南益集团的繁荣不息，天天都在告诉人们：炎黄子孙在现代企业竞争中也可以走上国际舞台，把中华文化的传统精神和西方的科学技术、管理方法结合起来，也能够缔造出立足世界的企业王国。他还反复告诉人们：海外华人已经把祖先们昔日的流浪异邦、出外谋生，改变成为如今的走遍世界、造福人类了。

　　李光前先生还营造了另一座无形的青山，那就是以无私的奉献为主要标志的道德精神，这是他留给后人的另一座丰碑。

　　在他的生前，由于他的干预，未曾有过一条光前路、一座光前楼，未曾有过一所光前学校，他从来就不为自己立碑，也不为自己塑像。可是在他的身后，人们为他立了一尊尊铜像，建了一座座纪念馆，命名了一处处光前楼、光前堂，还有那有牌和无牌的光前村。在新加坡最大的公园——圣淘沙公园里，头一尊仿真的蜡像就是他的塑像。这是因为千百万人都在想，应该把心中的这座丰碑世世代代传下去，没有这些石碑和铜像，就很难体现他应有的不朽；没有冠上他的名称，后人难免要把他遗忘，大家总感到是一种缺憾。

　　在马来西亚，好几家中学都建有名为"光前堂"的大礼堂。这些大礼堂并不是李氏基金拨款建造的，其中吉隆坡的中华独立中学的"光前堂"是1974年李成枫当董事会主席、扩建校舍时建造的，大部分是李成枫先生捐的资金。这说明光前先生的无私奉献精神后继有人，并且还在发扬光大。

　　在马来西亚还有两处挂牌和没挂牌的光前村。没挂牌的光前村位于柔佛州的南部，地名叫振林山。那是60年前南益公司所建造的树胶园和黄梨园的工人村。现有人口4000多，占地7公顷，有红砖筑成的双层店屋30多间，单层住宅20间，那里的房产和土地都属于南益集团所有，但是一直以十分低廉的租金供工人们居住，至今每间房的月租金还只有60～80元。当地居民一向亲切地称呼建村人李光前为"李大王"。挂牌的光前村在吉隆坡鹅唛镇，南益树胶厂的对面。那是80年前该厂创建时的工人宿舍区。后来，公司允许利用厂里的土地，让已婚职工自行建屋，现在成了面积30英里、人口2000多的小镇，属于南益的房产至今还只有20元的租金。这个鹅唛镇的"光前村"，当年设有居民协会，全村分为10区，各区由居民选出区长和10名代表担任居民协会的理事，理事中另有厂方代表5人，南益（雪兰莪）公司设于鹅唛的厂长担任理事会主席。举凡村中事务，不论是定房租、收税，还是修缮扩充多种公共设施，审批前来入住的"移民"，都由理事会裁决。这里的居民，至今大多还是南益树胶厂的工人，人人都会说华语。村里的南益小学原是供职工子女免费入学的，后来才由国家接办。该校校友会每年举办一次"光前杯"篮球赛。村里的居民都和睦相处，亲切异常。对于村里的公共事业，人们都十分热心，经常自发地出钱出力修桥造路，举行大扫除。社会风气也极佳，家家夜不闭户，从未发生过犯罪案。绿树丛中，小桥流水，加上淳厚民风，真有点世外桃源的模样。从这两处光前村可以看到南益公司是怎样关怀职工的，职工们又是怎样以厂为家的。南益人和衷共济、诚实劳作、一心为公的精神，已经深入人心，转化成社会的道德风尚了。

南益村的风气，南益人的精神，就是光前先生崇高的道德精神的生动体现。

有人说，"人不为己，天诛地灭"，只有个人主义才能刺激生产的发展，才能创造奇迹。从几千年的东方文化来看并非如此。光前先生所缔造的南益精神就是一种集体的精神。他经常诵读幼时熟读过的"四书五经"里的话："大道之行，天下为公。"有人说，他的理想，近乎大同，这确实是很值得后人玩味的。

这样两座青山究竟有多高？让未来的历史去论证吧！李光前先生的一生，经历过半个多世纪的风云，涉及中国东南亚乃至整个世界的历史，牵动着多个民族千百万人的心。他的道路，是那么漫长而曲折，他的事业是那样伟大而丰富，他的精神是那么崇高而深邃，凭现有的肤浅理解，说李光前先生的一生是"高山仰止，景行行止"是一点也不过分的。

这两座青山是怎样出现的，让我们来作一番探究。

大浪淘沙

每一个历史人物都是在特定的时间和空间的条件下,出于历史的需求,选定了特定的人物而涌现出来的。李光前的一生之所以成就了两座青山,是因为他主观和客观两方面所具备的三个条件:一是处于东西洋接合部的新马东南亚华人社会,这是空间所提供的客观背景;二是20世纪上半叶的四次大风大浪的严峻考验,这是时间所提供的客观机遇;三是他个人的优秀素质和半个世纪里坚持的不懈努力,这是他自身所发挥的主观努力。

先看看李光前一生所处的客观世界的空间背景。

新加坡和马来亚是中南半岛的末端,所处的马六甲海峡是太平洋和印度洋的通道。华人下南洋已经有数百年的历史,东南亚的华人在19—20世纪之交应该是达到了千万人之众。华人和马来人共同经营和开发新马,这是马、华两大民族聚居最集中、融合也最深刻的地方。马来西亚的华人大体占三分之一,新加坡则占四分之三,其余居民主要是马来人,两个民族已经有数百年的大规模通婚。经过长时间共同披荆斩地积聚,以华人为主导的经济,在20世纪初已经具备了相当的规模和实力,两个民族间也维持着相当友好的关系。西方殖民者东来之后,由于这里交通、经济和文化都比较发达,陈嘉庚、陈六使、李光前、胡文虎、李延年等大商家,先后建立了规模宏大的企业,这里创立的许多华侨团体、创办的学校和报刊、出版的图书在整个东南亚起了至关重要的作用,新马地区实际上成了整个南洋的经济文化中心,也是东西文化较量、政治风云激荡的焦点。这就是李光前所处的地理空间的背景。

再看看李光前所处的时代的客观机遇。

步入20世纪之后，东南亚的华人社会经历了四次大风大浪：（1）先是世纪之初的辛亥革命，孙中山先生就是在南洋华侨中发动爱国者捐资支持革命的，这是一次推翻封建统治的民主革命的洗礼，在知识界和商界有很深的影响。（2）是第一次世界大战之后，1929—1933年的世界性经济危机，以经营中小型商业为主要生计的南洋侨商，到处是倒闭之潮，一片万花纷谢的景象，这是对中下层人士的考验和锻炼。（3）刚刚缓过气来，又来了日本侵略者的杀戮和洗劫，三年九个月的沦陷，使东南亚遭受了一场空前的灾难，新马首当其冲，损失最为惨重。（4）日本投降之后，东南亚面临的是西方殖民者的退出、被统治的民族争取独立，以及独立之后如何处理多民族之间的关系，华人社会在摆脱殖民统治之后应该争取什么样的地位，这是一个历史性的转折，关系到华人的生存和发展的新问题。这就是李光前在新、马生活的大半辈子中，所遭遇到的历史沧桑和所面临的历史抉择。

在这样的地理、历史背景之下，让我们来看看李光前是怎样应对这四场大风大浪的，在风浪的袭击之下，他是如何发挥自身的优秀素质，迎着艰难困苦，在奋斗中增强自己的才干的。

李光前九岁随父南渡新加坡，儿时在老家和初到新加坡都是过着贫穷的生活，学点旧学和英文，少年时期和马来民族的穷孩子一起学习时，也和他们建立了一些感情。青年时期，15岁（1908年）到南京和北京的4年学习时光，适逢辛亥革命，参加同盟会，剪了辫子，返回新加坡，算是接受了民主革命的洗礼。后来在国货公司接触商业，在南洋代理推销中华书局的新课本，则是为民主革命做的好事。在这次风浪中，他发挥了勤勉好学的优势，积累了新思想和新知识，也接受了民主革命的新思想。第二次风浪袭来时，正是他创办南益公司的起步时期，他一面要处理陈嘉庚公司收盘，接济集美、厦大两校办学经费，同时又要维持新创的南益公司的运作，压力特别大。好在他正处在青壮年之交、精力旺盛的时期，而且经过前辈企业家对他的关心、培养和提携，他已经有了十来年的商业运作的经验，创造过陈嘉庚谦益公司的骄人成绩，建立了直接向美国销售树胶的渠道。在这次经济危机中，他又以超凡的毅力面对现实，摸索创造，建立了在东南亚各国直接向小园主收购原料的渠道网络和销售网络，努力促使三家华人银行的合并并获得资金来源，和员工一起，千方百计压缩成本、提高功效，还形成了一整套以仁德优待职工的福利制度，完善了企业管理。由于运作有方，南益没被压垮，危机一过，它便迅速腾飞。正当南益发展为树胶、黄梨的最大企业并成为华侨银行的最大股东，各业都欣欣向荣时，新马沦陷，顷刻之间，一切业绩都化为焦土。这场史无前例的风暴不是自然灾害，而是灭绝人性的日本侵略者制造出来的，特别令人愤怒。沦陷前李光前因出席会议滞留美国，面对这残酷的事实，48岁的李光前，表现了大度不凡的风格，他把亿万家产视为身外之物，照样奋斗不息。李光前在美国参加了抗战救亡的许多活动，还遥控着在家乡办学的事。到了战后恢复经济的时期，他也不是只顾着个人的家业，作为中华总商会的主席，他竭尽全力，号召商界，不分民族，精诚团结，共度时艰。他坚韧的精神和热情的工作在疗治战争的创伤中，鼓舞着许多人，发挥了极大作用。

二战之后，新马地区的独立运动是一场广泛、深刻的政治运动，也是决定千百万华人生存发展命运的大事。商界人士平时喜欢说"在商言商"，事实上，商业运作和经济发展是不能超脱政治的，李光前的智慧使他认识了这一点。他以往出入会场、讲堂，政治上总是尽量唱低调，1947年之后，在抵制英国殖民政府的"新宪制"的政治斗争中，过了"知天命"之年的李光前，站到了斗争的第一线，和"马华公会"一起，为争取华人的合法权益，保护青年学生，反抗殖民政府的残暴镇压，维护华文教育和中华文化的尊严。他以大无畏的精神，领导和组织了大规模罢工、罢市和罢课的"总休业"行动。他在报刊发表文章，一方面努力论证，新马来亚的前途只能是摆脱殖民统治而独立，实行多民族联合、平等的自治，另一方面，又苦口婆心地说服华人要认同当地国家、勇敢地站出来争取自己应有的民主权利，当国家的主人。

坚持了十年的斗争，马来亚终于在1957年实现了独立，大多数华人取得了一定的社会地位，华文教育也获得了一定的发展空间，广大华人则经受了锻炼，实现了从"落叶归根"到"落地生根"的认识转变。这种认识的转变对于整个东南亚的华人还产生了相当的辐射作用，为他们在异国他乡的立足和发展提供了重要的条件。可以说，在这一点上，李光前作为先知先觉者和成功的示范者，功不可没，应该载入东南亚华人的史册。

　　在李光前的青年时期到壮年时期的半个世纪中，他经历的这四次大风大浪，牵连到东方、西方两个世界，关联到近代、现代两个历史时期，遍及经济、政治、军事和文化的各个领域，对他来说，这实在是最大的深度和广度上的考验与锻炼。他从一个随遇而安的孩童到成为亿万富翁、大慈善家，成为新马地区华人经济的领军人物，成为新马华人为争取民主、平等而奋斗的领袖人物。正是这一场场风浪，使他登上一个个思想的高峰，也把他推上一个新的平台。这就是平常人说的"时势造英雄"吧！而他能够在世纪的风浪中，永立不败之地，做出越来越大的贡献，则是由于他所具备的聪慧和勇毅的素质，在困难的面前不是退却，而是进取，在成功的时候不是止步，而是创新。这就是平常人说的"英雄造时势"了。这样来认识李光前，理解他所创立的两座青山，应该说是比较切合实际的，他不是神，而是一个很容易理解的人，值得大写的人。

升华与回归

在这一节，想和大家讨论的问题是：李光前先生创建了两座青山后回归了自然，他的一生给后人留下了哪些启迪。

作为一位实业家，李光前是一位有敏锐眼光的实业家。他所经营的多方面实业都有内在的联系，他对每一个生产、销售的环节，所处的时势和环境都有仔细的考察和周密的设计。然而，办实业靠的是一支强有力的队伍，这就是"人的因素第一"。在这个最重要的节点上，他用力最多。从招收职工、选用干部到制定工作章程、管理制度和经营方式，他都经过深思熟虑，做好长期稳定的安排。在这方面，他有两条基本经验很值得研究，一是家族、帮权式的组织制度，二是中西合璧的经营方式。

先说南益公司的家族、帮派组织制度。

南益公司是一个以家族为核心，以帮派为基础的企业集团。

中国几千年来封建农业社会，本来就是靠血缘的家族和地缘的乡党组织起来的。近代以来，流入城市的农民只是城里的客居者，流至国外的则是侨居者。华南农民到南洋去闯荡，也是靠家族和乡党的帮助才得以立足和发展的。宗亲会馆和同乡会馆在华侨时代的社会里，威望很高，作用也很大。一百年前的南洋社会，离开它们是难以想象的。

从一开始，李氏家族成员就拥有股权的主体，李光前本人身教言教、精心培育第二代，并早早放手交班，一过60岁就退居二线，逐渐让下一代接班，这就保证了家族的有效传承，使已经建立起来的大业不会变质，也不至于旁落他人之手。

在用人招工方面，南益集团主要是建立在福建帮（闽南人）的基础上。由于闽南帮是新马地区最大帮派，历史长、能人多，祖籍地缘所凝聚的语言文化也相当成熟。许多乡亲已经历练成了种胶炼胶的好手。但是，如果按照帮派的血缘、亲缘形成更小的集团，去争夺有限的空间和资源，就会陷入利害的纷争，难免走向反面。为了防范这一点，南益集团在人事关系的处理上很注意把好三个关：第一关是招工时注重人品和作风的考察，不以血缘或亲缘的远近为依据；第二关是提拔干部时，根据入行后的表现，着重考察思想品质和工作能力，区分忠诚度和不同潜力使用干部；第三关是顶层机构的组织和配备。就组织制度说，把资产权（股权的拥有）、决策权（董事会）和管理权（大小经理）严格区分开来。股权的分配是以家族为核心的，已如前述，董事遴选的是久经考验的忠于企业的、有威信、有经验的老干部，人数不多，长期稳定，各级经理则是有专业能力、有创造力的干才。就像国家建构中的行政、立法和司法三权分立那样，资产、决策和管理的分权，这就在家族企业管理之中加进了现代化的法治精神。这种做法做到了既能扬长，又能避短，既可以发挥帮派的协同作用，形成温馨的和谐气氛，也可以防止形成小团体，造成争权和分裂的温床。

新加坡口述历史馆的林孝胜，曾于1987年就南益集团作了深入的个案研究，他得出的结论是："李光前家族企业的成功史是新华经济现代化的最好例子，也为新华经济史上树立了一个很特出及成功的家族企业管理模式。"（按，其中的"新华"应是指的"新一代的华商"）这个分析是令人信服的。至少在20世纪的前半叶，殖民地时期的华侨时代，这种组织模式是适合历史传统和时代的需求的。至于在现代化、全球化高度发展之后的今天，企业的组织制度可能又有更加合适的先进模式，这就另当别论了。

再讨论中西合璧的经营管理。

中西合璧的经营管理，就中式方面说，上述的家族、帮派的组织制度是实的整体架构。除此之外，还有虚的思想氛围所构成的管理政策和经营作风。这就是：用儒家精神来处理劳资关系，营造和谐奋进的企业作风。也就是所谓"以儒养商"和"以商养儒"，使儒道和商道相辅相成、相互促进。儒家理论的核心内容是"仁义礼智信",这就是李光前的南益公司从一开始就努力尊奉的准则,他正是把这些基本概念全面地贯彻到各个管理环节中去的。为体现"仁义"精神,第一,南益采取聘用终身制,从不开除职工,个别犯了大错的,或调动工作,或由本人顺从舆论、自动请辞。这就使加盟的职工没有后顾之忧。第二,南益采取优厚福利制度,从利润中抽出高达20%的利润来发放职工当月的奖金,公司效益再好也不打折扣。有几年,公司利润高,许多员工都发了大财,伙计与老板同乐共庆。第三,南益负担员工医疗费和子女的奖学金。有些职工的子女考上了英美的著名大学,公司还负责其学费或路费,有的学成之后还回南益服务。第四,本人交出5%的"花红"(奖金),公司再配上10%,按月存为公积金,由公司保存生息,备作职工退休之后的生活保证。第五,南益提供低息房贷以解决职工住房,有的边远地区还由公司建房,向员工提供低租金住房。在"礼、智"方面,公司很早就建立每日的报表制度,上下通气,层层建立档案以供监管,对新员工,特别注重专业能力的考核和培训。至于"信",则有"诚实、信用、严明、谨慎"的"八字箴言",经过多年倡导就蔚然成风了。

西式的企业管理,则是李光前离开陈嘉庚公司、自营南益后逐渐摸索出来的配套新招,这在新马的华人企业中十分突出。值得称道的有以下数端。第一,庞大的企业之内,采取现代的会计制度,表报齐全、监管严格,收支明确,出现漏洞(如舞弊或以劣充优)必能及时发现。第二,能注意与银行保持密切的信用关系,便于随时利用银行的资金周转。南益公司曾经多次向汇丰银行申请高额贷款,因为历来信用好,一路绿灯。第三,在信息时代,迅速掌握资讯是大型企业的生命线,南益公司很早就使用大型电子计算机,掌握商业信息十分及时。在世界性竞争之中,不能根据市场动态采取应对措施、调整销售指标,就会陷入被动乃至亏损。第四,随着事业的发展,南益集团走上了多元化、集约化、综合化的道路,各个行业的各个分行,各个片区的各个厂,分头操作,又互相配合、统一管理,组成了井然有序、严密坚强的跨国公司。

正是中西合璧的经营方式，使南益集团能够扎根于新马的华人社会，又能在世界性的竞争中频频获胜。

李光前的企业王国是显眼的，因此人们常常只把它看作成功的企业家。其实，在他的企业初步成功之后，他的大量时间、精力和满腔的激情，都放在许多社会活动上。作为一个社会活动家，他堪称思路清晰，能高瞻远瞩。从树胶公会、中华总商会、华商联会、华侨银行董事会到南侨筹赈总会、马华商联会、新加坡福利协会；从华侨中学董事会、南洋大学、马来亚大学到新加坡大学，在各种机构里，不论当的是董事、委员、常务委员或是主席、会长、校长，他都是从来不挂空名，而是全身心投入、实干苦干、锐意改革。所在之处，都是有口皆碑。在商界，他用尽全力把各种行业的华商联合起来、团结起来，为大家争取权益，协调共赢，获得了各方的好评。1947—1949年间，李光前在中华总商会主席任上就致力于商会内部的帮会结构的改革，提倡顾全大局、实现本土化。在政治运动中，他不畏艰险，站在斗争的第一线，与商界同人和普通大众一起请愿、示威，共同奋斗，结交了很多朋友。在学校，他和师促膝谈心，循循善诱，许多青年学生都把他视为慈父。正是他的这些出色的活动，赢得了社会各界民众的敬重和爱戴。他临终之时虽然再三吩咐丧事从简，辞世出殡之日还是数千人自发前来送行，表现了各界人士的深切的悲痛和怀念。

在作为社会活动家，在高瞻远瞩这一点上，还应该强调的是，关于从"落叶归根"到"落地生根"的认识的转变，他是先知先觉者，也是符合社会变迁的历史规律的。由于他的奔走呼号，新马华人终于也完成了这一认识的转变，并且对整个东南亚华人产生了辐射的作用，这对南洋华人的生存和发展发挥了积极的作用。应该说，这也是李光前对东南亚华人社会的一项重大贡献。

李光前在新马还是个无人不知的慈善家。1948年，57岁的李光前就开始拨款，准备建立基金，到1952年3月29日正式创立李氏基金。后来，包括新加坡和马来西亚两地的基金会，拥有南益总资本的近半（48%）。70年来，这笔巨额的基金一直都在新马两地支持各种公益事业，发放奖学金，赞助中国留学生，资助国际学术会议、出版图书。新马两地的百姓都能直接或间接地得到它的恩惠。在中国和其他一些地方，这个基金会也有许多贡献。作为慈善家，他比别人有更高一筹的非凡意识和气概。他一向主张"取之于社会，用之于社会"，并且他不只是把做慈善看成奉献，而认为是一种回归，不是把它作为手段，而是当成终极的目标。这种思想来自他后来经常研读的《道德经》。这部经典之作指出："天下万物生于有，有生于无"（《道德经》第40章），"有之以为利，无之以为用"（《道德经》第11章）。有生于无，又复归于无，这就是道家所崇尚的自然之道。其实民间早有最通俗的说法："生不带来，死不带去"。正是出于"从有到无的回归"的思想，李光前建的学校和各种馆舍楼宇一概不以"光前"命名，有时用乡梓地名命名，是为了和人共同怀念故土；用子嗣之名命名，则是为了让他们记得日后继承父辈做慈善的志向。这种深沉的思想和崇高的风格就不是一般的慈善家所能做到的了。

　　从上面所说的，我们可以看到，李光前作为一个实业家，他是既有继承，又有创造和发展。他继承的是中国式的家族和帮派的企业结构和儒家的文化精神；创造的是东方文化和西式的经营管理方式的结合。作为一个社会活动家，他不但打通了整个华人的商界，而且走进文化教育界，走到普罗大众之中，不但为华商的大联合、文化教育事业的发展做出了杰出的贡献，而且为整个华人社会"国家认同""落地生根"的转变起了开路先锋的作用。作为一个慈善家，他也与众不同，他始终以无私的、彻底的奉献作为人生回归的目标。总之，不论从哪一方面说，这都是事业的突破，人格的升华。

　　每一个历史人物都是一种文化现象。对于李光前，我们也应该认识他的历史文化意义。他的三项事业都能够有突破，就是因为他的文化人格获得了升华。这种升华又是来自他对东西方两种文化的深刻的理解和灵活的融通应用。自从东西方两种文化在中国、东南亚接触、碰撞、冲突之后，应该以何者为体、何者为用，一直存在着争议。李光前的成功，充分地证明了，至少在他所处的时代，中学为体、西学为用是正确的，有效的。

就东方文化、中国文化的传统而言，若要溯本清源，无非是儒家和道家。看来，李光前先生是儒道并用，兼采其长，各避其短，可谓兼收并蓄；从儒入世，由道出世，则是各得其妙。

就"以儒入世"说，他经营企业，行的是儒商之道：以儒养商、以商养儒，也就是以仁爱之心待人，中庸之道处事，以诚信待人、严谨处事，所以就能营造和谐的群体，创建发达的事业。从1929年南益公司正式挂牌到1954年，其间还经历过经济危机和沦陷时期的毁灭性打击，只用了25年的时间，就登上了顶点：20多家胶厂，3万多英亩胶园，4万多员工，3亿多新币的资产，显然是新马最大的富豪，真是"会当凌绝顶，一览众山小"了。这样的发展速度，在当时的南洋，应该是少有的。

至于"由道出世"，就在这登顶的时刻，刚过60岁，李光前便宣布退休，把各项经营大权交给三个儿子掌握，自己专心去管理李氏基金、办公益事业。这种"功成不居、功成而退"的精神，在世界各地的富豪当中，怕也是很难找到第二个的。他牢记《道德经》里的这些微言大义："富贵而骄，自遗其咎，功遂身退，天之道也。"(《道德经》第9章)"祸莫大于不知足，咎莫大于欲得，故知足之足，常足矣。"(《道德经》第46章)儒家的"修身、齐家、治国、平天下"追求的是"功业"；道家倡导的是"修之于身，其德乃真；修之于家，其德乃余；修之于乡，其德乃长；修之于国，其德乃丰；修之于天下，其德乃普。"(《道德经》第54章)要达成这样的修养，要从自身开始，延伸到家庭、乡里、国家乃至天下，而且并不是为了功业("功遂身退")，而是为了弘扬崇高的德行。这个德行不就比儒家的功业高出一筹，达到了更高的境界了吗？

在中国，儒、道两家学说都是在2000多年前形成的，儒家积极入世，崇尚仁义道德，提倡温良恭俭让，主张和平和大同；道家则遵从自然之道，主张无为而治，知足常乐，提倡彻底行善（上善若水），与世无争，处无为之事，行不言之教。李光前先生以仁义经商、和谐进取，功成而退，归于无为，以行善告终，"唯不争，则无尤"（没有差错）。正是兼取儒道两家的精华，真正做到了"慎终如始，则无败事"。这就是达到了完美，就是我们所理解的李光前由"儒"转"道"的成功的回归。

儒与道的文化理论都有很长的发展历史，各自经过许多发展的过程，也相互开展过持久的争论。应该说是，各有所长，也各有所短。儒道之外，还有偏于儒的墨家，偏于道的法家。春秋战国的几百年间，诸子百家，经过争鸣，罗列了社会的各种弊端，探讨了人性的本源，提出过许多治理国家和社会的方案，展示了早期华夏文明的精华，掀起了中华文化史的第一个高潮。几千年过去了，打开这份丰厚的历史文化遗产，结合历代社会实践的经验与教训，来分析其中的精华与糟粕，选择值得我们继承和发扬的成分，这是很有意义的。

儒家以"仁、义"为中心，但是把社会上的人分为君子与小人两类，仁只属于君子，"未有小人而仁者也"（《论语·宪问》），"君子喻于义，小人喻于利"（《论语·里仁》）。他们"推己及人"的"仁义"，也只限于给予君子。《墨子》在发挥儒家"义"的学说时，也强调："义不从愚且贱者出，必自贵且知者出也。"道家则永远自居于下，"贵以贱为本，高以下为基"（《道德经》第39章），"圣人无常心，以百姓心为心"（《道德经》第49章）。儒家维护"先王"的等级制度，提倡"克己复礼"，崇尚教化，实行"礼治"；法家崇尚权力，提倡"帝王之术"，实行"法治"；道家崇尚自然，提倡无为，以"无为之道"为"上德"，主张"无为而治"。"失道而后德，失德而后仁，失仁而后义，失义而后礼，夫礼者，忠信之薄而乱之首"（《道德经》第38章）。可见，道家是最反对等级制度和儒家礼法的。等级、贵贱和恪守"先王"之礼法，确实是儒家的阴暗面和致命伤。

儒家的仁义巧智，道家也是一概反对的："绝圣弃智，民利百倍；绝仁弃义，民复孝慈；绝巧弃利，盗贼无有。"(《道德经》第19章)，又主张"不尚贤，使民不争，不贵难得之货，使民不为盗，不见可欲，使民心不乱。""常使民无知无欲，使夫智者不敢为也。为无为则无不治。"(《道德经》第3章)可见，道家是主张回归到原始时代的自然状态，回归到初始的人性。这也就是他们所津津乐道的"小国寡民"的氏族社会了。原来，道家的"无为而治"，说得好听点，无非是"返朴归真"和"安贫乐道"，实际上也包含了它的于事无补的逃避现实和消极出世。

可见，李光前先生的由儒入世，由道出世，正是并取了儒道两家的精华：既行仁义于世，亲近大众，和他们一起，团结奋斗，创造物质财富，又能功遂身退，一尘不染，行善回馈社会，讲究完全彻底（上善若水）。这就是他既能创造出辉煌的业绩又修炼了崇高的品格的奥秘之所在。

回望弥高

最后，在李光前先生远去半个世纪之后，我们再来回望他所缔造的两座青山究竟有多高。

苏东坡在千年前给我们留下来一首名诗："横看成岭侧成峰，远近高低各不同。不识庐山真面目，只缘身在此山中。"历史上出现过的许多人物，就像那远近高低各不相同的峰岭，近距离地看，只能看到近旁的局部，看不到全貌，也看不清它真实的高度。一个人的价值的大小、成就的高低，同时代的身旁的人也是很难做出准确的评价的。要有准确的评价，就需要有时间和空间的距离。过了若干年去回望，在远处就很容易与其他的同类人做出比较，就能给他一个准确的定位。

南益集团建立已经将近一百年了，到现在还是十分坚挺的大企业，第三代领导人已经先后接班。有人估计，其总资产应该有百亿美元。仅就李光前交班给三子李成伟掌管的华侨银行来说，据报道，现有资产已有1310亿新币，在全球15个国家和地区设有310家分行和代表处。2004年在全球1000强的银行中，排名第113位，按照福布斯世界富豪排行榜，华侨银行以30亿美元的资产，排在第224位。1952年，李光前建立的李氏基金会，依然在向社会提供数以亿计的慈善资金，至今还是新加坡最大、最有实力的基金会。单是李成义接手当李氏基金会主席之后，就支出了善款7亿新币。1992年，李氏基金会获总统颁发的公共服务星章，1993年获得新加坡国家福利理事会授予的福利团体最高荣誉奖"余炳奖"。2001年又捐给南洋理工大学医学院1500万元建立李光前医院。2004年捐建新加坡管理大学5000万元。2005年捐给新加坡国立大学3000万元，在主要贡献于新加坡之外，后来贡献于闽南故乡的也是一笔笔巨款。从1980年起，李氏基金会和设在南安的芙蓉基金会捐给厦门大学、集美学村、光前学村、泉州华侨博物馆的善款，也有2亿多人民币。在李光前家风的熏陶之下，后辈也不遗余力地作贡献。例如，2004年李成义先生的夫人张志华医生就用结婚时的100万美元设立李张志华基金资助新加坡的护士进修深造，又于2006年设立陈振传护士奖以表彰杰出的助理护士。在南安老家的光前学村，自1991年建立起奖教助学金，年年都经评选发放，主要用于国光中学，至2017年，27年间，所发放的金额也达到1880万元。这都是一些小小的局部的例子，可以说明，李光前开创的公益事业确实是后继有人，至今还在扩充和发展。

新马地区的华人企业，出于种种原因，有的后来就不能得宠于政府或社会，有的是到了第二代、第三代就无法维持下去。在新加坡，一度在社会上出现了"去中国化、非政治化"的思潮，一些华人企业家、教育家、慈善家似乎被淡忘了，甚至早年的陈嘉庚等先贤，年轻人也已经少有了解了。曾经为筹建南洋大学做出贡献的陈六使，甚至被褫夺了公民权。80年代之后，人们发现，在这个华人占多数的岛国，根深蒂固的东方文化是不能弃除的，谁要漠视这一点，走全盘西化、去中国化之路，就会受到惩罚，于是又提出了"亚洲价值观"，鼓励民众在民族文化上寻根究底。1984年在"华中"校园重立李光前铜像，1995年在原南洋大学校园里建立了"华裔馆"，搜集材料、研究华裔的诸多先贤，让大众不忘历史。1997年开始，有关部门又重修陈嘉庚当年活动场所"晚晴园"，于2001年正式开放。2005年，经过多年扩建的新加坡国家图书馆也开放了。40年前李光前捐款并为之奠基，40年后，李氏基金会又为之捐献了6000多万元新币。新设的"李光前参考图书馆"占了7个楼层，并建立了一系列以李光前命名的图书工作研究项目。2008年还举办了名为"承前启后、继往开来：陈嘉庚与李光前"的大型展览和学术研讨会。此外，2006年还建成了"华颂馆"，用来"表彰海外华人巨大力量和不屈精神"。① 可见，新马的华人英豪，从陈嘉庚到李光前，他们所创立的业绩是经得起历史的考验的，哪怕有的时候蒙上了灰尘，也终究都会被洗刷，总要重放光芒的。就这一点而言，我们可以从两方面做一番简单分析。

厦门大学校园的李光前塑像

① 黄坚立：《身份认同的转移——南洋企业家李光前三种形象的建构》，《华人研究国际学报》2009 年第 2 期。

从客观情势说，新马地区的华人出洋经营的时间长、经验多，人口也比较集中并且在当地占了较大比例，经过数百年的磨合、积聚，华人社会的运作，与周边民族的关系，都形成了比较成熟而稳定的模式。不像其他一些东南亚国家，占总人口的比例小，一阵风就能把稀少的几棵大树拔掉了。在新马地区，华人所经营的企业，已是树大根深的大片森林。可见，从陈嘉庚到李光前，两个时代的巨人，出现在中南半岛末端的新马地区，绝不是偶然的，这是东南亚华人集中奋斗的中心，是东西方文化交会、抗争、融合的焦点，而前后两个时代所建造的不同高峰正是不同历史时代衔接、交替的不同终端。这就是地理和历史的选择与论断。研究这个个案，认真地总结这个"选择"和"论断"，对于研究近现代的中国史和东亚史，研究南洋史和华人史，研究经济史和文化史，都可以得到许多重要的启发。

就中国史和东亚史来说，中国和东亚的交往已经有千年的历史，这是和平友好的礼尚往来，而不是战争掠夺的残酷交锋。郑和数十年间在海上丝绸之路往返的盛况，至今还给人们留下敬重和愉快的记忆，各处的"三宝庙"还有旺盛的香火和众多的信众，就是有力的证明。在世界的国家史和民族史之中，这难道不是令人欢欣鼓舞的模式吗？21世纪已经过去五分之一了，在两个千年之交的当年，人们看到冷战结束了，曾经热切地盼望着新的千年能有安定、祥和的生活，遗憾的是，不久就来了"9·11恐怖袭击事件"和紧接着的伊拉克战争，时至今日，还有许多地方热战不断、冷战频频！千百年前的南北两条贯通东西的丝绸之路上那种欢乐景象难道不值得怀念、不值得研究和发扬光大吗？

就南洋史和华人史史来说，到南洋去的华人，从流寓到侨居，又到最后的落籍，这是符合历史逻辑的发展过程。今天的新加坡和马来西亚能够有稳定的社会生活，经济上走到东亚各国的前列，华人与当地民族融洽和友好相处显然是一个重要的因素。在千年的华人移民史上，这是不是值得欣赏的美好状态？

就经济史和文化史来说，虽然经济和文化的发展各有不同的规律，但是二者之间也是相互制约的。为了自身的扩充，可以通过战争去掠夺；为了共同富裕，也可以互通、互惠，从而达到互利共赢。在经济实体之中，是和谐进取还是争相抢夺，是尔虞我诈还是以诚相见，则是企业的生产和竞争能不能正常运作和健康发展的决定因素。

如上所述，李光前先生在新马地区半个多世纪的奋斗中，能够随遇而安，面对现实，和各色人等处好关系，又能适时应势，顺应时代，改变生存和发展的方式，在自己经营的企业和事业中，建立合理而稳定的制度和运作的章程。因而在一百年的复杂环境和险恶遭遇之中，他能够急流勇进，虽有极度的艰难也能得到发展，最后还能安然引退，在交出管辖大权之后，几位出色的后裔都能继承已有的传统，协力奋斗，使他所开创的企业和事业都能顺着原来的轨迹前进。可以说，这近百年的成长和发展，完全做到了进退自如。这在近现代历史交替时期的企业家、活动家和慈善家之中，真是不多见的。其成功经验，很值得进行一番认真的研究和总结。

从主观意识来说，李光前经营的企业，贯彻的是儒家的人本主义精神，扎根于下层民众，劳资关系好，而且所得盈利能够慷慨地回馈社会，使企业内外的大众都得到恩惠，从而使企业和社会保持着良好的和谐关系。加上李光前在世之时以及他身后的子女，对马来人、印度人都能以礼相待，早年也帮助这些民族建造过他们的学校。李光前不但对不同民族的关系处理得十分得体，在处理政治关系上历来也十分灵便而平和，不愿更多地介入党派纷争。因而不论是政府当局还是社会下层群众，对李氏家族普遍都有良好的印象，不少人还怀有感恩之心、敬畏之情。不论是什么时代、什么国度，当权者的评价和群众中的威望，最重要的是由自身的种种作为所决定的。对这一点，我们不必有任何怀疑。

我们还可以进一步说：认真地研究李光前这个个案，对于我们理解物质与精神的关系，经济和政治的关系，科学与文化的关系，都会有重要的启发。

对于人类来说，物质和精神都是生活的需求，也是社会发展的条件。对于个人或集团而言，物质的创造和享用或消耗，精神的培植和养护或丧失，都有不同的选择，也会造成不同的后果。物质的创造和精神的培植是个人对社会的奉献，也是实现人生价值的必要。过度的物质耗费和贫乏的精神生活，于社会无益，对个人也是有害的。致力于物质和精神的创造不但能为社会作贡献，也能使自己得到健康发展的愉悦。

关于经济和政治，经济是人类生存的基础，政治是社会适应的方式。从事经济和政治活动是每个人或团体不能避免的责任和选择。凡是有利于经济进步、社会和谐的活动就是顺乎社会发展的需要、符合历史的潮流，事业就能获得成功，个人或团体也可以得到发展。经济活动的设计或政治活动的选择，如果不能适合社会和历史的需要，就会被时代淘汰，也必定会使个人或团体受到损失。

关于科学与文化，各自都是有客观规律的，但是往往又有不同。科学多取决于自然的规律，文化则更多地受到社会的制约。个人或群体的事业要得到良好的发展，既要符合科学的规律，也要合乎文化的要求。科学的规律就像齿轮的配搭，文化的氛围犹如推动齿轮政策运转的滑润剂，哪一方面有所不足，就会出现运行的故障，使事业受到损害。

如本书以上各章所述，李光前先生和他的南益集团，在处理这些关系上也高人一筹。他的以儒养商和以商养儒，着力于建设以家族为中心、以帮派为基础的组织结构和以儒家文化为基础的经营作风，使企业内外能有良好的合作和协调；关心政治而又不过激、过深地介入政治，使经济得到独立自主地正常运作；在中华传统文化的氛围之下，又能推行现代科学的企业管理方法。这就达到了物质和精神的统一，经济和政治的统一，文化和科学的统一。

过了50年，再来回望李光前先生缔造的两座青山，应该能看得更真切、更分明。不但能看到高峰与山岗，还能看到山顶的光辉，山腰的云雾，山坡的林木，山谷的清泉。总之，看到了它真正的高度和优美的风姿。

这两座青山之所以能够如此高耸、如此多娇，归根结底，就在于他的"文化自觉"的深刻底蕴。费孝通先生在20世纪末曾经提出来著名的"美美与共"的"文化自觉"的理论：各美其美，美人之美，美美与共，天下大同。也就是说，对于历史上存在过的优秀文化，不论是自己的民族或国家创造的，还是周边的、外来的，都应该努力学习和研究，继承其优秀传统，接受其有益的经验。不同国家或民族的文化，虽然各有不同，也应该互相尊重、互相包容，让不同文化和而不同、共存并美。这就是超越了民族和国家的文化自觉。

李光前和南益集团之所以能够获得如此的成功，正是他能努力地继承中华民族儒、道两家的优秀文化，又吸收了西方科学管理的现代文化，加以创造性地综合运用的结果。我们应该认真地总结这一成功的经验。如果有更多的此类经验可以加以综合、论证和推广，从一个地区到一个国家再到一个更大的区域共同体也得到验证和推广，距离"世界大同"的人类共同体也就不远了。

参考文献

[1] 不见庐主：《李光前氏别传》，新加坡《星洲日报》1967年7月8—14日。

[2] 陈国华：《先驱者的脚印》，Royal Kingsway Inc.，1992年。

[3] 陈维龙：《新加坡大学首任校长李光前博士》，宋哲美主编：《星马人物志》，香港东南亚研究所1969年版。

[4] 陈维龙：《李光前传》，新加坡《南洋学报》1969年第22卷第1/2期。

[5] 陈维龙：《三十年来星马工商界最杰出的人物》，《南洋文稿》1967年第9期。

[6] 陈维龙：《新马注册商业银行》，新加坡世界书局1975年版。

[7] 陈维龙：《东南亚华裔闻人传略》，南洋学会1977年版。

[8] 崔贵强：《新马华人国家认同的转向》，厦门大学出版社1989年版。

[9] 崔贵强：《星马华族社会运动的主流问题》，柯木林、吴振强编：《新加坡华族史论集》，南洋大学毕业生协会1972年版。

[10] 崔贵强：《李光前归属感的转移》，《联合早报》1987年4月19日。

[11] 崔贵强、古鸿廷编：《东南亚华人问题之研究》，新加坡教育出版社1978年版。

[12] 陈嘉庚：《南侨回忆录》，香港草原出版社1971年版。

[13] 陈嘉庚：《南侨回忆录》，上海三联书店2014年版。

[14] 洪炜堂：《谈李光前博士的肝癌》，《南洋商报》1967年6月22日。

[15] 洪鎌德：《新加坡学》，台湾扬智文化事业股份有限公司1997年版。

[16] 胡兴荣:《李光前——以商养儒兴学之典范》,林水檺主编:《创业与护根——马来西亚华人历史与人物·儒商篇》,马来西亚华社研究中心 2003 年版。

[17] 黄美萍、章星虹编译:《李光前文稿、讲辞与信函选编》,新加坡国家图书馆委员会 2008 年版。

[18] 黄坚立:《身份认同的转移——南洋企业家李光前的三种形象的建构》,《华人研究国际学报》2009 年第 2 期。

[19] 黄坚立:《陈嘉庚与南洋富商李光前之翁婿互动》,《华人研究国际学报》2016 年第 2 期。

[20] 李成枫:《我所知道的李光前先生》,《李光前学术讨论会文集》,中国华侨出版社 1995 年版。

[21] 李国卿:《华侨资本的形成和发展》,福建人民出版社 1985 年版。

[22] 李立仁:《光前裕后 风范永存——李光前传》,海峡文艺出版社 2005 年版。

[23] 李远荣:《李光前传》,暨南大学出版社 1997 年版。

[24] 李远荣:《李光前传》,香港名流出版社 1998 年版。

[25] 林水檺主编:《创业与护根——马来西亚华人历史与人物·儒商篇》,马来西亚华社研究中心 2003 年版。

[26] 蔡仁龙等编:《东南亚著名华侨华人传》第一集,海洋出版社 1989 年版。

[27] 林孝胜:《李光前的企业王国》,《亚洲文化》1987 年第 9 期。

[28] 林远辉、张应龙:《新加坡马来西亚华侨史》,广东高等教育出版社 1991 年版。

[29] 罗志方:《南益精神》,吉隆坡《中国报·精品副刊》1988 年 5 月 9—28 日。

[30] 王赓武:《南洋华人简史》,台湾水牛出版社 1969 年版。

[31] 王赓武:《华侨华人与东南亚史》,《东南亚华人问题研究》,新加坡教育出版社 1978 年版。

[32] 王赓武:《中国与海外华人》,香港商务印书馆 1994 年版。

[33] 王增炳、余纲:《陈嘉庚兴学记》,福建教育出版社 1981 年版。

[34] 吴体仁:《李光前氏别传》,新加坡《星洲日报》1967 年 7 月。

[35] 吴体仁：《李光前氏对文教事业的关系》，陈维龙：《李光前传》，新加坡《南洋学报》1969年第22卷第1/2期。

[36] 厦门大学校史编委会编：《厦大校史资料·第八辑·厦大建筑概述》，厦门大学出版社1991年版。

[37] 晓英：《一代完人，英灵不泯》，《南洋商报》1967年6月5日。

[38] 谢诗坚：《马来西亚华人政治思潮演变》，马来西亚友达企业社1984年版。

[39] 杨进发：《战前星华社会结构与领导层初探》，新加坡南洋学会1977年版。

[40] 郑炳山：《李光前传》，中国华侨出版社1997年版。

[41] 郑良树：《马来西亚新加坡华人文化史论丛》（卷一），南洋学会1982年版。

[42] 郑安仑：《郑安仑谈李光前》，新加坡《联合早报》1989年3月19日。

另有其他单篇文章散见于《南洋商报》《星洲日报》《南侨日报》及华侨中学纪念特刊等，未及列举。

附录

李光前先生的远见卓识和崇高品格

李光前传

附录一　李光前先生生平大事年表

1893年（清光绪十九年）10月18日（农历九月初九）　出生于福建省南安县芙蓉乡（今属南安市梅山镇竞丰村），属蛇。父亲李国侯（国专），是芙蓉李氏第18世。生母林合姊，厦门人。

1900年（7岁）　李国侯与李国颂易子而教，李光前就读于私塾（塾师为李国颂同族李映雪之父）。

1901年（8岁）　母殁，读书之余须有拾粪、放牛之劳作。

1903年（10岁）　随父南渡新加坡。

1904年（11岁）　在英印学校学习英文，周末在崇正学堂继续学习中文。

1906年（13岁）　英印学校停办，带着弟弟玉荣在陈嘉庚先生发起创办的道南学校上学，当时已经改为华语教学。

1908年（15岁）　考入清政府办在南京的暨南学堂（5年制的高小一中学，民国之后办成大学兼中学），编在"中甲"班。

1911年（18岁）　升入北京清华高等学堂（二年制，相当于大学预科），后又转入唐山路矿专门学堂（交通大学前身）学习。

1912年（19岁）　告别父亲回到新加坡，在道南学校（陈嘉庚先生所办）和崇正学校教书，兼为《叻报》翻译英文新闻稿。后考入政府测量局所办的"测量专门学校"，半工半读，又修读美国一大学"土木工程科"的函授课程。

1914年（21岁）　在同盟会成员庄希泉、陈楚楠为革命筹饷所办的中华国货公司任英文秘书。

1915年（22岁）　为国货公司办好代销中华书局新编民国版的小学教科书和一些新时代的书刊，翌年中华书局在新加坡开设分店。是年其父在故乡病故。

1916年（23岁） 放弃到香港大学深造的机会，转到陈嘉庚的谦益树胶公司，经与美国公司谈判，办成把树胶直接销往美国的业务。

1919年（26岁） 谦益将树胶直售美国之后，3年间每年获利近百万元。在多次扩大树胶生产之后，李光前被陈嘉庚提升为树胶部总经理。

1920年（27岁） 与陈嘉庚的长女陈爱礼结婚，介绍人薛武院、薛中华，证婚人林文庆。陈爱礼17岁，刚从南洋女中毕业，品学兼优。

1923年（30岁） 8月，接受陈嘉庚转售的华商银行股票100股（1万元），12月被华商银行股东大会选为董事局董事。

1924年（31岁） 开始购买华侨银行股票。

1926年（33岁） 自购华商银行股票100股。

1927年（34岁） 与友人在蔴坡设厂，收购生胶制成胶片后卖给谦益。是年被福建帮选为新加坡中华总商会董事。又，"牛车水骚乱"后，被华民政务司委为三人调查组成员，负责调处。

1928年（35岁） 在蔴坡从英商手上购得树胶园1000英亩，命名为"芙蓉园"，接受陈嘉庚转售的华商银行股票175股，与林忠国合营"南益树胶公司"。为反对日本人制造的"济南惨案"，成立山东惨案筹赈会，陈嘉庚为主席，李光前为董事，陈爱礼为妇女部成员。是年8月，南益公司在罗敏申路112号挂牌，先后收购、租用陈嘉庚在印尼的福东公司和马来亚的一些公司，约定利润抽成作为厦大和集美两校经费。

1929年（36岁） 世界经济不景气，林义顺的通益胶厂亏损，汇丰银行追讨债务，按林义顺要求，租用了其胶厂与其子林忠国合营，同时，对陈嘉庚改组谦益为股份公司给予支持。

1930年（37岁） 与林忠国合营南益黄梨公司。还被华侨银行推选为董事。

1931年（38岁） 6月南益树胶公司改组为有限公司，迁入南干拿路11号，注册资本50万元，李氏家族股份占69%。12月改组南益黄梨公司为股份公司，注册资本为32万元。

1932年（39岁） 1月南洋树胶有限公司签约。经由李光前提议和说服，新加坡的华商银行、和丰银行和华侨银行合并为新的华侨银行，董事会主席徐垂青（和丰），李光前任副主席。与林庆年、叶玉堆等人接办陈嘉庚于1923年创办的《南洋商报》，注册为有限公司。

1933（40岁） 南益公司注册资本增至100万元。是年开始连续赞助集美学校经费。

1934年（41岁） 1月，南益总公司迁入朱烈街大厦。2月，与弟弟李玉荣合办南益饼干有限公司，并承租了陈嘉庚公司的饼干厂。南益树胶有限公司在泰国也设立分公司。参与筹组新马树胶商会。接替陈嘉庚任新加坡华侨中学（1919年创办）董事长。

1935年（42岁） 倡导槟榔屿三家华人最大树胶公司（南益、大成和万和美）联合为南成美树胶有限公司。南益黄梨有限公司增资至50万元，李氏家族占有2466股份中的2221股。

1936（43岁） 响应陈嘉庚号召，与其他侨商注资购买400英亩的树胶园作为厦门大学基金。出任新加坡南安凤山寺信托委员会主席。

1937（44岁） 为《南洋商报》增资扩办，任董事会主席，李玉荣为总经理。当选为华侨银行董事会主席，直至1964年因病辞职。与陈六使筹组新马树胶公会，被选为主席。卢沟桥事变之后，与叶玉堆、陈六使等延请陈嘉庚出面，举行侨民大会，成立新马华侨筹赈祖国难民大会，陈嘉庚被推举为主席，李光前为委员，与叶玉堆各认捐10万元。

1938年（45岁） 委托陈村牧在南安芙蓉乡筹建国专小学（两年后分设四校），聘伍远资为校长。10月筹组南洋华侨筹赈祖国难民大会（简称"南侨总会"），被推为常务委员。与众华商购下早年孙中山先生革命活动据点"晚晴园别墅"，并装修为革命历史展览馆。

1939年（46岁）《南洋商报》与《新国民日报》合并，每日出版早报6

大张，晚报2大张，发行1.8万份。当选为新加坡中华总商会第22届会长。3月，在华侨中学建校20周年庆典上讲话，指出其以国语为教学语言在南侨教育史上是破天荒的，在炎荒之南国以宣扬祖国文化为使命。

1940年（47岁） 3月，在南洋报社主办的"南洋筹赈会回国慰劳考察团"饯行宴会上发表讲演，赞扬各位考察团员爱国热忱令人钦佩。这一年，南益集团已拥有新马3万英亩树胶园和黄梨园，24间制胶厂，印尼及泰国胶厂8家，职员2000多名、工人3万多名，李光前已经成了商界和侨社的领袖人物。

1941年（48岁） 12月，日本侵略军攻占新马，宣布南益企业为"敌产"而没收，厂房、园坵惨遭破坏。李光前因赴美参加树胶会议而滞留美国。长子、三子在美、加留学，留在新加坡的次子成智被捕入狱。

1942年（49岁） 在美国参加红十字会活动，发动华侨捐款救助难民。

1943年（50岁） 在哥伦比亚大学为盟军所办的美国军政人员的训练班讲解东南亚的历史、地理和风土民情。1月，与陈嘉庚联合发起创办集美实业股份有限公司，设在战时省会永安，计划经营农林、工矿、交通渔业及运销等业。家乡国专小学已有数届毕业生，为使学生就近升学，校董会建议创办初中，李光前表示赞同，在困难之中节衣缩食、变卖上海家产，汇寄经费，开办国光初级中学，当年招生。10月，与陈嘉庚联合发起成立的集友银行股份有限公司挂牌，李光前被选为董事。

1944年（51岁） 支持陈嘉庚在福建创办华侨航空公司。

1945年（52岁） 7月12日，在日本侵略者将要投降之际，在英国伦敦的《泰晤士报》上发表了《马来亚的未来——华人社群的见解》一文，说明来马来亚数百年间占总人口39%的华人"奉公守法、勤劳苦干、爱好和平"，指出"马来亚的英人、华人、马来人以及其他民族的人民，实应永远维系一向以来根深蒂固之友好关系"，并建议在马来亚光复之后设立一个由无成见的人组成的具备调查研究能力的委员会，"向政府就本地之未来发展献计献策，以求最大限度地实现《大西洋宪章》所推崇的四大自由"。日本投降后，于12月间返回新加坡。

1946年（53岁） 为了救助数万员工于水火之中，急速恢复生产，一次性向汇丰银行贷款300万元，经贷方调查及历来信用，如数支出。这一年长子成义从美国学成归来，成为得力助手。是年，被新加坡中华总商会选为第24届会长。同年，马来亚吉兰丹州苏丹赐封"拿督"勋衔。6月，新马侨社为恢复战争中受破坏的华校，成立华侨复校辅导委员会，应邀出任主席，并带头捐款帮助华校复办。12月，在"军政处咨询委员会"召开的会议上作为中华总商会主席发言，鉴于战后企业不振、社会萧条、人民生活困难，反对征收所得税，建议增加对奢侈品征收消费税。英政府成立宪制工作委员会，提出马来亚的"新宪制建议书"。

1947年（54岁） 2月，新马成立马来亚中华工商联合会（简称"马华商联会"），被选为主席，这是华人工商界联合的觉悟。3月，为新加坡增办"南侨女中"，捐出地皮和房产作为校舍。因《马来亚政制建议书》对华人公民权做种种限制，作为中华总商会主席组织专门委员会研究讨论，采取各种抵制活动。8月，以总商会主席名义发表讲话，反对国民党所部署的在新马华侨中选举"国大代表"和"立法委员"。9月，总商会和商联会联名致函英国殖民大臣，揭露"新宪制"忽视民意、离间民族关系、分裂国家之实质，表示强烈反对。并由各族各界组成的"联合行动委员会"举行系列抗议大会，抵制"新宪制"。同时，针对多数华人还保留中国国籍、缺乏对当地国家的认同感，在许多场合说服华人关心自身权益、争取民主、参加合法抗争。由于英国殖民者拒绝修改建议书，至10月20日，与"海峡侨生"领袖陈祯禄联合发动了新马各地声势浩大的"总休业"（罢工、罢课和罢市）。

1948年（55岁） 长子成义进入南益公司董事会。5月，教育当局颁布"注册法令"，规定可在学校搜查、拘捕"不法"分子。因在华侨中学搜出左翼传单，当局致函，因从事政治活动，警告学校要取消津贴，董事长出面斡旋方告平息。

1949年（56岁） 2月，列席由陈祯禄组织领导的"马华公会"在吉隆坡中华大会堂举行的成立大会，给以赞扬并表示支持。新加坡的马来亚大学成立，认捐25万元。为恢复被二战破坏的经济并适应朝鲜战争产生的市场需求，扩大树胶生产，向汇丰银行贷款50万元重建胶厂。

1950年（57岁） 与陈六使倡导组建马来亚树胶公会，出任副主席。陈嘉庚回集美定居后，经过对厦门大学、集美学村、光前学村的考察，提出三处维修扩建的资金需要的建议，回信表示赞同，并陆续批出巨款予以赞助，数年间耗资上千万。同时致函芙蓉校董会伍远资，告之今后关于学村建设之事，悉按嘉庚先生意见照办。9月，在《南洋商报》发表文章，向政府提意见，发展教育应对各民族"一视同仁"。

1951年（58岁） 1月，扩大规模，建立南安国专医院。再次为新加坡马来亚大学捐献25万元作为购置图书资料之用，并指明应注重优先采集东方文化、科学著作。为纪念其父，建立李国专助学金。6月，殖民政府发表"巴恩报告书"，只用英语和马来语作为教学语言，欲逐步取消"方言学校"，挤压华文教育，遂引起华社教育界强烈反抗。12月在吉隆坡成立马来亚联邦华校教师总会，给以积极支持。7月，召开南益股东大会，发行"管理股"4万股，主要由李氏家族掌握。是年因售树胶盈利较多，所发奖金超过1000万元。是年开始实行雇员公积金制度，由雇员部分奖金加上公司10%配套存入银行，退休时领取。这种制度后被政府所仿效。新加坡立法会选举议员，占总人口75%的华人议员不足10人，积极参加中华总商会关于正确公民权的各种活动。参加"推动选民登记侨团代表大会"。担任新加坡同济医院董事会第21届主席。

1952年（59岁） 南益公司开始运用电子计算机处理各种信息，提高工作效率和市场竞争力。这一年，南益已经拥有20多家胶厂，3万英亩胶园，每年出口树胶50万吨，成为世界最大胶商。3月，拨出南益公司的股份，在去年所建的"李国专助学金"的基础上，成立"李氏基金"，在新加坡注册，主席为李光前。自此该基金成为南益的大股东，不断生息扩容。至1960年，还分别设于新、马两地。1965年又在香港设立李氏基金有限公司。1964年，在晚年处理家产的过程中，他把占全部股份48%的本人名下的南益股份全部捐为李氏基金，使南益的盈利能够永恒地拿出近半作为基金来回馈社会。是年，委托李五香回乡与伍远资共同策划主持国光中学扩建工程，建筑面积达5万多平方米。同时，厦门大学也大兴土木扩建。

1953年（60岁） 2月，在华侨大厦南益公司举行中西记者招待会，鉴于新马有40万华校学生之需，李光前赞成创办一所新的以华文教育为主的马华大学，华文用于教学文史地，数理化则用西文教授。又，得知福建会馆所办"光前学校"尚未采纳他的意见更名，又致函会馆主席陈六使，表示"焦急异常，如芒刺背，顷刻难安……万望体察愚诚，设法更易名称"。后改为"光华学校"。8月，热情支持筹建南洋大学，致函南洋大学执行委员会主席陈六使表示至大学建成之时，认捐所有捐建款额之10%。12月，殖民地政府通过"国民服务法令"要求18～55岁居民向政府登记，随时应召入伍或参加国防军训，在学中学生也不能例外。

1954年（61岁） 5月13日，华侨中学学生不满政府在中学征兵，派代表请愿，其他华文中学声援支持，被警察拦阻驱散，有人受伤，并有48人被捕，26人受审。作为华侨中学董事长，李光前闻讯从伦敦赶回，分别与学生及家长代表、教育局及总商会人士会面商谈，劝说学生克制谨慎，挽救华教被查封的危机，又劝说警察同情青年学子。经斡旋月余才平息复课。9月，宣布从南益公司退休。由长子成义担任总裁，次子成智掌管黄梨业，三子成伟掌管华侨银行。董事部成员还有陈济民（陈嘉庚长子）、李成枫等。10月，参与并支持中华总商会成立推动选民选举委员会及争取立法议会候选人委员会活动。这一年又向新加坡华侨中学捐建"国专图书馆"，以纪念先父。

1955年（62岁） 据厦门大学统计，自1950年至1955年，李光前捐资援建的校舍占地面积共24397平方米，建筑面积38365平方米，总造价达272.7万元。厦大的校舍较1950年增加一倍。

1956年（63岁） 幼子成伟进入南益董事部。4月，美国宣布放松对中、苏的禁运。6月，新马也解除对华树胶禁运。8月，新马工商贸易代表团访华，周恩来总理鼓励新马华人成为当地国家的公民。南益公司派李引桐参加该代表团，并为对华树胶贸易做了重要贡献。

1957年（64岁） 马来亚柔佛苏丹也授予李光前"拿督"尊衔。8月，按照李光前"设立一间免费公共图书馆"的建议，捐款37.5万元为建立的新加坡莱佛士国家图书馆奠基。李光前在奠基典礼上发表演讲，指出："新加坡乃多民族聚居之地，欲求各民族亲善合作，并沟通彼此间文化，必须有一新的免费图书馆收集东方民族图书，以应各民族文化需要……务使各民族人民均能满意其本身文化之发展，进而相互沟通陶冶，加强团结，保持百多年来各民族和善相处之传统精神也。"

1958年（65岁） 1949年新中国建立后，曾有上万名青年回归祖国，许多新马华人也不愿意放弃中国国籍。李光前等许多先知者努力说服华人应该认同当地国家，1956年周恩来总理也表态中国不承认双重国籍，希望海外华人选择当地国籍。又经过总商会的努力，至1958年，新马华人已大多落籍当地。是年，中华总商会建新会所，李氏基金会认捐了总经费的10%，共21万元。10月，马来亚大学向李光前颁发名誉法学博士学位以肯定他为本地教育和对马来亚大学的贡献。商谈时，他再三谦让，后来才接受。在25日颁发典礼的讲话中，他阐述了古今各国商人对社会的贡献后，也肯定了新马教育的成就和前途。12月，新加坡成立福利协会，李光前担任主席，同时担任福利局主任兼秘书。此后六年间，他以此为主要事业，深入实际，考察灾害，访贫问苦，发放福利，直到1964年身体不适才辞去此职务。这一年，南益树胶股份有限公司注册资本增至2020万元，李氏家族的股权占98%。

1959年（66岁） 李氏基金用数千英镑赞助的英国剑桥大学教授李

约瑟（Joseph Needham）的著名巨著《中国科学技术史》（Science and Civilisation in China）在王铃教授的帮助下，翻译成中文，出版了四大册。

1960年（67岁）　12月，新加坡成立福利协会，李光前被委任为主席。是年，李氏基金会分为新加坡与马来西亚两处运作。

1961年（68岁）　李氏基金会赞助华侨大学建造陈嘉庚纪念堂，建筑面积7526平方米。12月27日，新马各报在显著位置公布了新加坡政府在中旬的立法议会通过的新加坡大学法案，从1962年1月1日起，马来亚大学将正式分成新加坡国立大学和马来亚国立大学，而新加坡胶业巨子拿督李光前博士，被聘任为新加坡国立大学首任校长。

1962年（69岁）　元旦，向新加坡大学学生致新年贺词："我感到万分荣幸，能充任校长一职，今后还希望各位多多给予协助，使我们的大学成为这一地区内第一流的高等学府。"3月，到欧洲考察高等教育。6月4日，新加坡大学学生楼开幕，李光前校长主持剪彩仪式并讲话。6月12日，李光前在隆重的就职典礼上致辞（上文已有全文）。同日，他在学生毕业典礼上也发表了演讲，提出：年轻的新加坡大学应该"更具活力，更能适应和面对现代世界的问题。今日之大学理应提供有助于学生应付未来生活之挑战的现代教育。……在精神状态方面，我们应偶尔放下学业或工作，花时间以正确的视觉去观察事物。学术上的进取不应以牺牲对实际生活的真正了解为代价，这应是善用大学资源之最理想的途径"。

1964年（71岁）　马来亚最高元首授予"丹斯里"（P.M.N.）勋衔。当年，他将自己名下全部股份（占总股48%）划入李氏基金，永远作为公益之用。10月，由于长期操劳，又保持简朴生活，开始发现身体不适。右胁下作痛，饮食减少，体重减轻，在医院被诊断为肝疾。

1965年（72岁）　1月，到香港玛丽皇后医院做切片检查，被诊断为肝癌，已经不宜做切除手术。在家人陪同下回国治病。先由香港到广州，中侨委方方、庄明理来迎接并陪同简单参观，后赶赴上海让正在开中医学术会议的专家会诊治疗。月余,病情大有好转。4月,周恩来总理得知光前先生病情好转,延请他到北京。5月1日,在人民大会堂亲切接见。祝贺其成就和贡献,鼓励他与华人和当地民族友善合作。离京之后,在故乡作短暂停留,于5月23日返回新加坡。6月8日,在南益公司会见记者,谈笑风生,为病情好转而高兴,表示会安心静养。是年,他辞去新加坡大学校长之职,并建议设立医学研究所,由李氏基金会捐助100万元以资提倡。其他社会职务也一概辞去。

1967年(74岁) 南洋集团拥有26家公司,总注册资本为5050万元。李氏基金会建立以来,奉献于教育文化事业和其他公益事业共达1000万元新币。6月2日下午6时40分,这位奋斗了一生的巨人安然辞世。噩耗传出,举国为之哀悼。6月4日,遵照先生嘱咐,从简治丧。不收赙仪,亲友只与遗像告别。出殡时,数千人自发前来执绋送行,极尽哀荣。

身后,南益集团董事部由李成义、李成智、李成伟和陈济民、杨金殿组成,成义掌管基金会及树胶、李成智管黄梨业、李成伟管银行业,使公益事业继续前进。

附录二

李光前先生的远见卓识和崇高品格

（李如龙提交一九九三年在泉州举行的纪念李光前先生一百周年诞辰学术讨论会论文，后发表于该会论文集，本次稍作修改）

知道李光前先生名字的人都知道他是一个大企业家、大慈善家。在中国人数百年来走向南洋的历史上，尤其是近一百年以来，东南亚的华侨华人中，在事业上获得成功，成为百万富翁，而且乐善好施、大办公益事业的人着实不少，李光前先生和他们不同的是，他不仅创造了辉煌的业绩，而且具有敏锐的政治眼光，形成了关于时代和社会的远见卓识。他还勤于自我修养，有着崇高的道德品格，随着时间的推移，他的思想和品德越来越显出耀眼的光芒。

一

著名学者王赓武教授把东南亚华人史分为四种时代。19世纪以前是唐人流寓时代，19世纪是华人（华民、华工与华商）时代。20世纪以来，1955年之前是殖民主义统治下的华侨时代，1955年之后是东南亚独立自主的新华人时代。李光前先生平生奋斗的半个世纪正是跨着后两种时代。第二次世界大战结束后的十年是这两种时代的交接期。在这期间，殖民主义统治和独立民主运动、民族之间的矛盾以及华人社会中的政治奋起，使社会生活出现了纷繁复杂的局面。在这种局势之下，千百万华人怎样才能得以生存和发展，这是一个严峻而迫切的问题。

中国人到东南亚去，最早可以追溯到汉代。到了唐代，就有闽粤人在那里定居，宋元以来流寓东南亚的华人逐渐增多，直到19世纪之前，逃难、逃荒而去的华人和当地的原住民和睦相处，虽然经历了披荆斩棘的艰苦，却还维持着平静生活。19世纪西方帝国主义侵占之后，涌入的大批契约华工成为殖民者压榨的对象。然而苦难的祖国正处于封建制度的腐朽期,战争频仍,社会衰败,生产凋零,他们只能在那里忍受着非人的生活,挣点血汗钱来养家糊口,由于他们勤劳刻苦,和原住民友好相处,许多人生存下来了,有的还得到一定程度的发展。然而,在殖民主义的统治下,残酷的屠杀和盘剥,诸多文化差异的民族环境,总是使他们时刻感到那里都是艰险的异邦,只有故国的文化、祖居地的乡情,像一杯浓酒,使人在痛苦和麻木之中得到一点慰藉。他们从未忘记自己是"唐人",也没有忘记"唐山"故土,总是盼望着苦难的祖国能够强盛起来,或者自己能够发迹,以便衣锦还乡,耀祖荣宗。辛亥革命推翻腐朽王朝的斗争,曾给他们带来满腔希望,他们精神振奋地为革命慷慨输捐,以至英勇献身,那时的海外华侨曾被誉为"革命之父"。日本帝国主义践踏了大片国土,中华民族处于危亡关头,他们忧心如焚,大义凛然,出钱出力,支持抗战。身处铁蹄之下,还时刻记住国恨家仇,不惜赴汤蹈火,写下抗日救亡的壮丽诗篇。数百年间,这些海外游子有家无国,历尽艰辛,备受欺凌,他们珍惜故土的文化,怀着浓郁的乡情,寄望于祖国的振兴,这便是感人的华侨情结。他们在苦难中求生存,在艰辛中图发展,在希望中讲贡献,在危难中见忠贞,这就是可贵的华侨品格。

李光前先生童年时代随父出洋,青年时期回国求学时参加同盟会。他曾怀抱着科学救国的理想,努力学习现代科学技术,后来跟随陈嘉庚先生创办实业,兴办学校,支援祖国抗日斗争。当陈嘉庚先生的企业遭到世界经济危机的打击和殖民者的迫害而破产后,他在艰难之中努力奋斗,继承并发展了嘉庚先生的事业,他建立了更大规模的南益公司,继续支持着厦门大学和集美学校的经费,为发展新马地区和福建的文化教育事业做出了更大的贡献。卢沟桥事变后不久,他和新加坡几位爱国侨领晋见陈嘉庚先生,请他出面领导筹赈活动,建立东南亚华侨抗日救亡的统一组织。1937年10月间,马新华侨筹赈祖国伤病难民大会委员会(简称"筹赈会")成立,李光前先生率先认捐了10万元,是当时捐款额最大的。他独立办的《南洋商报》每天及时地报道战情，颂扬抗日军民的爱国精神，控诉敌寇的罪行，宣传抗战到底，救亡至上。由于它版面多，发行量大，在新马乃至东南亚都发挥了巨大的社会影响。1939年，李光前先生首次出任新加坡华侨总商会会长。在他的领导下，这个新马华侨社会最有影响的社团空前团结，配合着领导南洋抗日救亡运动的"南侨总会"的各项工作，在筹集赈款、抵制日货、组织抗日队伍等方面发挥了重要的作用。新马沦陷之后，他滞留美国，不顾自己辛勤建造的产业化为灰烬，还积极地协助盟军培训军政人员，参加国际红十字会工作，组织旅美华人投入抗日救亡活动。20世纪40年代，李光前先生继陈嘉庚先生之后，成了新马华侨社会新一代的领袖人物。

在"华侨时代"，华侨情结是纯真的，华侨品格是可贵的。然而在二战之后形势发生了急剧的变化，殖民主义者不愿轻易地退出历史舞台，帝国主义的冷战政策和反共浪潮影响巨大，当地民族主义抬头，民族资本和国有资本的竞争愈加剧烈。在这种情势下，华侨社会里占主导地位的"华侨意识"越来越显得不合时宜了，这种意识在国家观念上只认同于中国，总是把自己当成旅居异国的侨民，抱着作客思想，在当地争取独立民主的斗争大潮中处于游离地位，未能成为社会的自觉力量、成为国家的主人。在华人社会中，由于历史上形成的帮派以及不同的经济地位和文化程度的差异，再加上过多地介入中国当时的政治斗争，造成了种种内部矛盾，在争取华人的合法权益的斗争中，往往未能团结一致，互相抵消了力量，处于被动地位。

应该说，在战后的新马华人社会中，李光前先生是最早实现思想转变的。他关心当地的政治，认同当地的国家，主张取消帮派，实现华人社会的团结，和其他民族一起投入争取民族独立、建设民主国家的斗争。半个世纪的历史证明了这位清醒的现实主义者的思想观点和实际行动是正确的，他的远见卓识和雄才大略，对于新马地区的华人社会乃至新马的国家独立，都产生了积极而深远的影响。

早在二战尚未结束的1945年6月间，李光前先生就在英国的《泰晤士报》

上发表了《未来的马来亚》一文。该文提倡新马华人和马来人共同努力创建马来亚联邦国,李光前运用史家的研究成果说:"中国人在吉兰丹的历史已有700年,马六甲的基石证明15世纪以来中国人就在马六甲居住。大家都承认中国的移民是守法、勤勉的,他们素好和平,和国内并无政治上的联系,对故国也没有负担什么义务。说中国移民在这里有政治的或领土的野心是毫无根据的。"马来亚的开发"是中国人的汗和血、劳苦和生命换来的。……马来亚各民族间的和谐实际上是一贯存在着的"。他还回忆了自己从小就和马来人童伴一起游玩、读书,后来也一道工作,并说"我是喜欢并赞美马来人的"。他还说:"马来亚的经济领域有很大的发展余地,它的发达绝不会损害其他民族的利益。"他主张,所有马来人居住的地方,包括印尼和婆罗洲、马来亚和泰国南部,都可以组成马来联邦。

关于废除帮派、实现华人社会的大团结,他曾主张从改革选举制度入手。数十年来,总商会的董事都是各帮按成员多少实行票选,并由闽粤帮轮流担任会长,董事成了帮派的代表,未能为华人社会的整体利益服务,新进的人才也无法脱颖而出。他建议按地域、按行业选举能人来当董事。[①] 由于因袭太重,此项建议未能实行。1949年,他在董事会上再次呼吁修改章程,割除帮派制。他焦虑地说:"商会成立四十余年,不能脱离帮派适度的羁束,须知数十年前的生意客或有帮派观念的存在,时至今日,此项观点实已陈旧。现代的银行及有限公司等等断不能限于帮派范围内而经营,现在之瑞象、养正等校,亦并非仅是潮州、广东子弟就学之校。目前诸多侨团及行业如出口商公会亦还不能分帮分派。……商会会员以潮福人为多,每届正副会长皆由闽粤帮轮流担任,现在是否合适,实为修改章程时应深切注意者。关于废除帮派事,余意时至今日断非愚而不决。二年前各人曾一度提出讨论,结果议决保留,兹者,二年后不知社会人士有觉其弊否"。[②]

---

① 《石叻公报》1947年1月7日。
② 《星洲日报》1949年2月11日。

在"华侨时代",作客思想与只关心祖国政治和依靠帮派办事,是紧密相关的。既然只认同于中国,海外华侨只好靠着用地缘和血缘组织起来的帮派来保护自己的利益。然而事实证明,不论是帮派的小团体还是远隔千里之外的祖国都保护不了华侨的权益,这种做法反而会造成自己的矛盾和分裂。唯一的办法是团结起来,认同于当地,通过团结、壮大自己的力量,求得生存和发展。为了实现国家认同的转变,把"落叶归根"变为"落地生根",李光前先生多次倡导的这些思想是完全正确,也是十分适时的。

二

李光前先生不是理论家,却是个实干家。他不喜欢出头露面做演说,也不擅长写大块文章,但是一旦认清方向,他总是经过深思熟虑,稳重沉着地付诸行动,而且执着地坚持,务求落实。

日本投降后,英军重新占领新马,对于这片地位重要而又资源丰富的殖民地,他们总想维持自己的统治。在战后殖民地独立斗争的浪潮之中,马来人的民族主义情绪空前高涨,他们要成为这片土地的主人,建立自己的国家,为了保护自己的利益,则想排斥外族人的参政权。早期定居新马的华裔(峇峇)多数接受英文教育,入了英籍,他们也认同于马来亚,并希望保留自己的既得利益。左翼的马来亚共产党人大都是华人,他们在丛林里坚持了多年的游击战争,战后都交出武装,他们赞成马来亚独立,行动也比较积极。而大量的中国移民这时还保留着中国籍,怀着华侨情结,多数劳动群众忙于维持生计,加以文化不高,也未能理解参加独立民主运动的重大意义,对政治态度冷淡。在这种情况下,为了广大华人的利益,李光前先生挺身而出,站到运动的前列,领导着独立民主斗争。

1946年初,英殖民政府发表白皮书,提出他们控制下的"马来联邦计划",这个计划根据"出生地主义",比较广泛地承认在新马定居的华人的公民权。马来人立即强烈反对,到了年底,殖民者对马来人做出让步,成立

"宪制工作委员会",公布了新政制的蓝皮书。其建政方案是保证英国钦差大臣的绝对统治,让马来人在立法议会中占有多数席位,对华人取得公民权则严加限制,并且企图把华人最为集中的新加坡分离出马来联邦,成为直辖殖民地。这种分而治之、以马制华的做法,明显是制造民族矛盾,不顾华人在当地政治经济生活中发挥的巨大作用,剥夺他们应有的政治权利。这个"新宪制建议书"发表之后,最先作出强烈反应的是李光前先生所领导的新加坡华侨总商会。该会多次致函英国当局,批判"建议书"的不合理,申明自己的观点:①新加坡不应分离出马来联邦;②必须放宽对华人公民权的限制;③立法会议的议席分配必须合理,占人口总数40%的华人所占议席只有1/8,显然是不公平的。李光前先生多次呼吁,要求英政府专门派出委员会前来实地考察,征询民意,检讨新宪制。他所主办的《南洋商报》还进一步用现代的民主法治精神对建议书进行有力的抨击。文章指出:占纳税者70%的华人竟然连公民权也得不到,这是违反一般法制惯例的;在立法议会中,官方议员占着多数,立法议会岂非成了虚设的咨询机构!建议书所提出的宪法是一部"现代化的殖民地约法,既无自治性质,也非自治宪法,更非民主宪法"。[①]

在马来亚,李光前先生担任主席的马来亚中华总商会联合会(简称"商联会")也举行集会,发表文件批评蓝皮书,申明华人的合理主张。接着,新加坡总商会和马来亚的商联会又与包括许多左派团体在内的"联合行动委员会"及"马来人民统一战线"等串联配合,进一步组织全社会的反对新宪制的斗争。经过充分的协商和严密的组织,在李光前先生和联合行动委员会主席陈祯禄的领导下,新马各地的大城市和中小城镇于1947年10月20日举行了"总休业"。那一天,从清晨6时到子夜,工人罢工、商人罢市、学生罢课,连同各种交通动脉和公共娱乐场所也一概停止活动,社会生活陷于瘫痪。一片凄清的景象表达了华人社会各阶层对新宪制的不满和愤怒。由于发动广泛,准备

[①]《南洋商报》1946年10月12日、1947年1月19日。

充分，总休业是一次十分成功的抗议行动。李光前先生也表示十分欣慰。他说："这是马来亚人民觉悟相当高的表现"。他为此在报端呼吁，希望英国国会"用公正的态度对马来亚的实际情况作详细调查，并且听取新马各民族各党派的意见，集思广益，而后对马来亚的政制作合理的决定"。[①] 虽然，蛮横的殖民政府对于人民的呼声置之不顾，新宪制并未因此作出修改，然而总休业行动所表示的反对新宪制的独立民主的呼声，唤醒了千百万的华人：必须关注眼前的国家大事，必须联合起来为争取自己的合法权益而斗争。这是对整个华人社会所进行的一场广泛而深刻的宣传教育，也是各阶层、各党派实行大联合、采取共同行动的一次成功的演习。它在新马的独立运动中留下了光辉的一页。

李光前先生不但在总休业行动中表现了成熟的政治胆略和领导才干，后来对许多问题也都能进行得当的处理。例如，对于新加坡左翼团体民主同盟，他在道义上是支持他们的，他所敬重的岳父陈嘉庚先生和他们更是关系密切，他与民盟领导人的私人友谊也很好，但是他认为民盟卷入国共两党的激烈斗争，在新马华人社会是不合时宜的，因而应该采取超然的态度，尽量少介入。《南洋商报》有时和民盟掌握的《南侨日报》还有所争议，他也采取淡化办法，少加过问。对于当时统治着中国的国民党，他采取敬而远之的态度，有些事情则是抵制的，例如1947年8月，国民党政府要求在新马选举"国民大会代表"和"立法委员"，作为总商会的会长，他就出面表示反对。他认为要求海外侨民参加国内政治是不合适的，介入国内政治斗争只会造成华侨社会的分裂，要求华侨效忠祖国，对于争取所在国民主权益也只会带来消极的后果。同年10月10日，总商会内的国民党员要求举行庆祝会，通过向国民党政府致敬电，鉴于国共两党已经打起内战，新马左右两派也正激烈斗争，他决定淡化处理，不开会不通电，以免激化矛盾。有人曾说他是不偏不倚的

[①]《南洋商报》1949年10月22日。

"中立派",似乎不太"革命"。其实,从当时当地的现实出发,为了加强华人的团结,认同当地政治,投入独立民主运动,李光前先生采取"团结合作、求同存异"的方针,也是十分正确的。1948年2月,马六甲海峡华人领袖陈祯禄为了联合马来亚华人的力量,与各民族合作开展反对不民主政治的斗争,发起组织"马来亚华人联盟",李光前深为赞许,并且热情地表示,愿意竭尽全力加以支持,答应在时机成熟时将遍游全马各地,吁请华侨社会促成之。① 一年之后成立的这个全马华人组织改称"马华公会",后来发展成为政党,在争取民主政治、团结各民族的工作中发挥了巨大的作用,李光前先生始终同他们保持密切的关系。从这些方面可以看出,李光前先生不但富于政治眼光,有切合实际的正确观点,而且在处理关系,组织活动上也是十分纯熟和干练的。

进入20世纪50年代之后,新马的民主运动取得了进展。1957—1959年,马来西亚和新加坡先后独立,绝大多数华人都取得公民权,比起其他东南亚国家,华人的境遇是比较好的,同其他民族的关系也比较正常,社会比较稳定,经济也得到了发展。1959年出任新加坡首任总理的李光耀在他的《东南亚的华裔的处境》一文中写道:"有人曾无数次地问我,在受到各方面的怀疑之下,东南亚这一边的数百万华裔怎样才能生存呢?我的唯一答案是:建立一个彼此扶持、尊重的多元种族社会。"②以华人为主体的新加坡就是建立了多民族合作的社会才实现经济上的起飞的。1954年之后,在周恩来总理的直接领导下,中国的华侨政策也发生了适应形势的调整,鼓励东南亚华人选择当地国籍就地参加建设。历史证明,李光前先生在战后五年间所倡导的国家认同和民族团结是符合当地实际也符合时代潮流的真知灼见;他多年的努力对于新马社会的稳定和繁荣,对于华人的生存和发展,产生了良好的影响,做出了自己的贡献。

---

① 《中兴日报》1948年2月24日。
② 王赓武:《南洋华人简史》,台湾水牛出版社1969年版,第196页。

李光前先生于1954年从南益公司退休，自己致力于社会福利事业。尽管他有足够的政治家的气质、见识和才能，他却无意去当政治家。他的晚年更趋向于清静、闲适和超脱，对社会上的政治之争尽量不加过问。本来他可以在政治上发挥更多作用的，作为一个历史人物，我们应该理解他的选择，不必苛求于他，也无须为此而感到遗憾。

三

如果说李光前先生的远见卓识表现在政治思想上是能够审时度势、迅速转变自己的政治见解和国家认同的话，表现在民族文化上则是另一种风格：他执着坚持自己的民族传统，为发扬光大民族文化而竭尽自己的所能，并主张把中华文化和当地其他民族文化融成一体。

光前先生出洋到新加坡时才9岁，1908年他回国深造，先后就学于暨南学堂、清华高等学堂和唐山路矿学堂，1911年又回到新加坡，直到终老。从经历上看，他和那些在异国出生、成长的海峡华裔并没有多少差别，但是，他和那些文化上也认同于西方殖民者的英籍华裔不同，他把政治认同、国家认同和民族认同、文化认同区别开来，他对于传统的中华文化知之甚多，爱之尤深。中华民族优秀的文化传统和道德准则，他都数十年如一日地身体力行。在家里，他奉行的是尊老爱幼、父慈子孝、兄友弟恭的儒家道德，夫妻之间相敬如宾，从一而终。在企业内部，他招用中文学校的毕业生，十分珍惜同宗同乡的相互理解和乡土情谊。对下属，他仁爱为怀，关心备至。他的公司为职工建宿舍、办伙食、包医疗、管学习，连后代的教育也一管到底，办学校让职工子女免费入学。他的企业就像放大了的中国式的家庭，因而具有很强的凝聚力。正像外界所传闻的那样，南益的职工，挖不走也赶不走。在对外的工商往来中，他恪守信义二字，严禁职工囤积居奇，投机倒把，不以劣充优，不短斤少两，从来不拖欠顾客一分钱。向政府纳税也是最自觉最守法的，因而不论在银行、政府还是在大小商家、种植者中，南益公司都享有崇高的信誉。应该说，他事业的成功，在这方面有着十分可贵的经验，很值得作专题深入研究。

对于坚持中华文化的传统，光前先生不仅把它作为道德体系来理解和实现，而且把它提到政治的高度，作为社会的需要，从言论到行动都加以捍卫和宣扬。

二战之后，新马华人乃至整个东南亚的华人社会都受到同样的压力和排挤，这就是对华文教育的限制，对华人使用自己的民族语言和文字的剥夺。因此，维护华文学校的生存，争取华语华文的合法地位，就成了华人政治斗争的焦点之一。早在1946年，李光前先生在一次接见记者的谈话中，就陈述了关于民族和文化的系统观点。他说：

> 一个国家是可以由各种民族联合组成的，几个文化系统不同的民族共同组成一个政体，是很平常的事，文化系统和政治组织并不一定要符合。为此，瑞士是一个国家，但是包括了法文、德文、意大利文三种文化系统。有些瑞士人只懂得一种或两种语言文字，但是并不妨碍其组织瑞士这个国家的政体。……
>
> 所以，要强迫一个文化系统的人民来接受另一个文化系统的生活方式，是不可能的。就人类史来看，从来就没有过这样的例子。文化只能交流、互换，强迫接受只能引起反感。
>
> 华侨居住在殖民地，如果硬叫他们放弃中国文化传统，那么请问要他们去接受什么？这里是不是有一个东西叫做马来亚本体文化呢？是不是英文学校所施的教育就可称为一种本体文化呢？好多反科学、反常识的设施，如果按照科学的眼光来看，是会令人莫名其妙的。①

基于这样的认识，他一面反对当局对于华文教育的限制，一面为发展华文教育和文化设施全力以赴，做出了巨大的贡献。

---

① 《星洲日报》1946年10月2日。

1946年新加坡福建会馆创办光华学校，他捐助了主要经费，马来亚为恢复被战争破坏的华校，成立华侨复校辅导委员会，他应邀出任主席，捐款多起。

1947年，新加坡创办南侨女中，他献地献楼予以赞助。

1949年，马来亚大学在新加坡创办时，他认捐25万元。

1951年，他又捐资25万元建造图书馆，同时提出建议，优先购置包括华文、马来文、印度文的图书，为发展东方文化服务。

1953年，华侨社会集资创办南洋大学，他认捐了全部捐款的十分之一，一次性交付100万元，后来又多次捐资以设立奖学金及购置教学设备。

1957年，他倡议把莱佛士图书馆扩建为国家图书馆，认捐各方捐款的十分之一，一次性兑现37万元。

50年代，他还将南益公司在泰国、中国香港的收益拨出，赞助厦门大学、集美学校、华侨大学、华侨博物馆、郑成功纪念馆、陈嘉庚纪念堂和南安梅山学区的各项建设，前后捐资不下千万元。

此外，他还赞助英国教授李约瑟的《中国科学技术史》巨著的出版，经常赞助南洋学会的研究和出版经费。

对于新加坡两家最有影响的学校——新加坡华侨中学和新加坡国立大学，李光前先生付出的心血就更多了。

新加坡华侨中学是1918年由陈嘉庚先生发起筹办的，原称新加坡南洋华侨中学校。直到50年代前期，一直是新马影响最大、学历最高的学校。陈嘉庚公司收盘后，从1934年起，光前先生接任该校的董事长，并且一直延续了21年之久。这期间他不但多次捐巨款建图书馆、科学馆、体育场以及供应经常性的学校经费，而且每当华中碰到困难的时候，他都挺身而出，努力予以排解，被华中的师生誉为可敬可爱的"保姆"。1950年军警在华中搜查出共产党宣传品，政府以查封要挟华中。1951年政府要求青年学生登记入伍接受军训，大量学生北返中国，发展到1954年5月13日，酿成了流血事件。作为华中的董事长，李光前先生总是千方百计地与政府当局斡旋，同时也苦口婆心地说服学生顾全大局，以学习为重，每次危机都是在他的努力之下得到了排解。

新加坡独立之后，原马来亚大学分出新加坡大学。由于李光前先生对新加坡的教育事业做出巨大的贡献，也由于他的卓越才学和崇高品德在社会上产生广泛的影响，该校理事会和评议会一致推荐他为首任校长。新加坡大学是面向新加坡全国、面向东南亚的最高学府，和以前所办的华人学校自是不同。光前先生在接受委任之后，适应着新的要求，他的教育思想又有了进一步的升华，在就职典礼的演讲词里，他把教育文化工作和民族团结的大计紧密联系起来，提出："在多民族的国家里，应该使各民族的优秀文化传统融合为一个整体的思想。"他说："欲求各民族的团结，最好的途径莫如加以进步的思想，由教育文化着手，使各民族融化凝合为一体，去异存同，不分彼此，大学不是使人引以为荣的工具，也不能限于传授技能，而应该使青年提高精神，树立责任，发挥自由意志与上进精神，追求真理，获得智慧，豁然贯通。世界上许多国家许多民族常因互相猜忌和恐惧而生冲突，如能致力于学术的探讨，以现代科学的卓越成就而善意合作，诚不难去除障碍，解决纷争，其他难题亦可迎刃而解。"[①]

在担任新大首任校长的四年间，李光前先生"全力恪尽职责，不久就受到全校人士的爱戴，上至副校长，下至学生，无不觉得他和善可亲。每一个人都可以向他倾诉困难，并向他寻求解决办法。管理大学对他是轻而易举的事，他能够在同他一起的工作者中选用最好人才，而他丰富的社会经验，供给予我们智慧的宝库，以备我们在必要时去取用"。这就是林国安教授代表新大授予李光前先生文学博士学位时的讲话，他还说："有些人的个人成功史，亦即我国历史的一部分，李光前就是这种人物之一。"[②]

---

① 《南洋商报》1962年6月12日。
② 《南洋商报》1965年11月27日。

鉴于李光前先生对新马大学教育的贡献，马来亚大学于1958年授予他法学博士荣誉学位，1965年新加坡大学又授予他文学博士荣誉学位。从他关于政治和国家、民族和文化的远见卓识来看，从他在发展企业和组织社会工作的雄才大略来看，这两个荣誉学位他都是受之无愧的。

四

作为一个企业家，在殖民地的环境中，经历过两次世界性经济危机的打击，遭受了日本侵略者的洗劫，李光前能够创建一个大型企业，数十年间不断发展；作为一个华侨领袖人物，在风云变幻的年代，李光前能带领大众与殖民统治者抗争，又能具有顺乎时代潮流的远见卓识，倡导海外华人认同当地的政治和国家；作为一个慈善家，李光前能够在社会上做出如此巨大的贡献。李光前先生确实是20世纪东南亚少有的伟人，然而他还有一点是许多伟人做不到的，那就是他不为名、不为利的奉献精神和富而不骄、功成不居的崇高品德。

根据新加坡史学家崔贵强的研究，在新马地区，从华侨时代到华人时代的转变期又可分为三个阶段：1945—1949年多数人还眷恋祖国，怀抱华侨情结；1950—1955年，是过渡期，华人的政治观念逐渐发生变化；1956—1969年，多数华人取得了公民权，思想上也逐步认同于当地国家。李光前先生在第一阶段就看清了时势，把握住动向，当多数人尚未觉悟之时，他奔走呼号，挺身而出，做了大量社会工作；到了第二阶段，成立议会选举议员时，他却离开了政治的巅峰，大力创办社会福利事业。原来，他卷入政治只是社会形势的需要，他无意做政治的弄潮儿，不想当权贵。1962年7月12日，在他就任新加坡国立大学首任校长的典礼上，前任马来亚大学校长、英国内阁大臣麦克唐纳说过："在过去的15年中，星马两地政府多次欲请光前先生出任显要的高职，但都被他所婉辞，他虽有崇高的社会地位和富有的产业，但'富而无骄'的高尚品格始终没有变。"①南洋大学筹办人陈六使也说过，"1956年创办南洋大学时，众人曾多次延请光前先生出任校长，他也婉言辞谢了"。1967年2月，新加坡中华总商会选举时，董事们推荐李光前为名誉会长，他接到通知后，立即去信总商会辞谢，选举委员会成员又专程登门敬劝，光前先生说："我平生最讨厌者便是挂名不做事，这次的名誉会长我是绝对不能接受的……过去商会章程曾有特别董事之设，在我做会长时才想办法革除，大家一致通过废除特别董事，今天我又来接受名誉会长，这不是自己立法自己废法吗？"

李光前先生不但全无权位之欲，在高官权贵的面前，他也从不趋炎附势，阿谀奉承，不屑捧场应付，极其讲究气节。由于政治观点不同，名噪一时的人物求见，他敢于敬辞不见，有时在酒宴上不期而遇，他甚至托故退避。

至于创办公益事业，我们也可以看到光前先生和一般的慈善家是多么不同。按照中国的习惯，办慈善者有今生为恶唯恐来世报应而去积点阴德、办点好事的，有的人虽未做坏事，却是为了留下印记，让后人知道他的功德，还有人等不得身后事，一旦做点好事就唯恐他人不知，迫不及待地立牌坊、登报纸、办庆典，用来做广告，以便提高知名度，利于事业的发展，在今世就要有名或利的回报。这几种人办公益不是目的，而是一种手段。李光前先生创办公益事业，论规模和贡献，很少有人像他那么宏大，论动机和目的，也很少有人像他那么高尚。他总是不要任何回报。他盖的楼不愿意刻上自己的名字，捐了钱从不登报做宣传。他的宗旨是"取之于社会，用之于社会"，把奉献社会作为毕生追求的目标。为了使子孙后代也能奉行这样的宗旨，他的晚年曾在1954年和1964年两度将自己在南益公司的股份全部抽出来（约占全公司的总资金的一半），作为"李氏基金"并立为"法人"，让这些股份的收益永远用于社会公益。

---

① 《南洋商报》1962年7月13日。

二战之后他捐建福建会馆所办的学校，人们原议决称为光前学校，他从外地回来后得知此事，立即加以更正，改为光华学校。他在抗战的烽火中在家乡创办的国光中学，人们总以为是取了他父亲的国专和自己的名字拼成的，最近查阅族谱才发现原非如此。当时，同乡的前清贡生李家驹曾为李国专先生写过一个小传，其中说道：次男光前"慕岳翁兴学热诚，亦独资建设中小各学校，前途远大……中校名署国光，谓其急公好义，侨梓垂芳，乃邦国之光，非闾里之荣也，合阐扬以示后焉"。可见"国光"校名的本意，乃是"为国争光"。1956年，他为南洋大学捐建大礼堂，校方原议名为光前堂，经他反对才改为国专礼堂，那期间，建在厦大和集美的礼堂则称为建南、福南，在厦门大学捐建的楼群中，有芙蓉楼、国光楼、南安楼、丰庭楼，唯独没有光前楼。据有人回忆，当时有三座楼用他三位公子的名字命名（成义、成智、

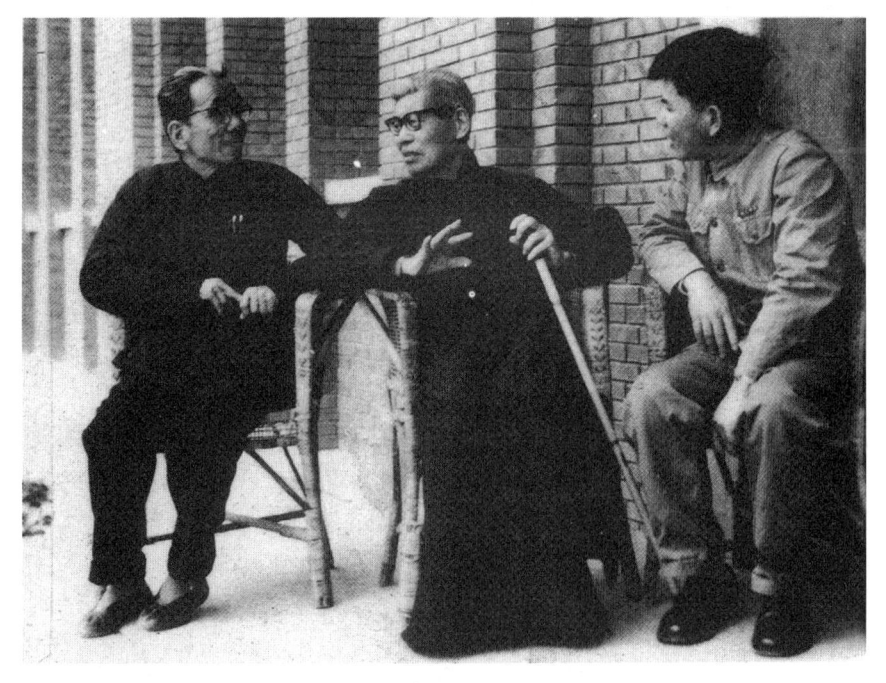

1965年春，李光前先生在新华楼前与国光中学郑明瑞校长（右一）、伍远资副校长（左一）亲切交谈

成伟），这是为了使后代继承他的事业，努力办公益。在新马的许多学校里，现在确有不少光前堂，在南益公司的工人宿舍区也有光前村，都是在他的身后人们为了纪念他而命名的。

这就是光前先生功成不居、谦恭奉献的精神。

光前先生被委任为新加坡国立大学的首任校长，这是他平生的最高荣誉。对于这个荣誉他又是怎样理解的呢？在就职典礼的演讲词里，他一开始就说，"这次被委任实属意外。因为自己既不是学者，又不是政治家，只是一名普通公民而已，这应该是为了配合当前东南亚的情势，让大学与民众之间有更加密切的联系。"他还应用古罗马的哲学家西塞罗的话说："我们对国家的最好最大的贡献莫过于为他教育青年。现在本人愿向新加坡的青年们保证，本人及大学里的每一个教职员，都愿以新加坡公民的资格为大学服务，同大家友好切磋，分头努力来实现预期的愿望。"可见，他永远以平民百姓自居，把出任校长理解为联系民众的社会需要，把办好大学视为自己应尽的义务。

光前先生对社会的奉献，远远不仅是他视为身外之物的金钱，而是一种全身心的投入。上文已经说过，为了办好华中和新大，他是心力交瘁的，为了动员商界和社会人士为医院献血，他多次带头义务献血，直到60岁之后医院按规定不予接受为止。1958年起，他出任新加坡福利协会主席，为了救助遭受自然灾害的百姓，扶持盲聋哑及残疾者，他不但带头捐献义款，而且经常到处考察灾情，组织各种为了捐助的义卖、义演和展销等活动。

光前先生奉献给社会的这样多，留给自己的却非常少，他的个人生活自律甚严，一贯十分简朴，他鄙视那种妻妾成群的富翁，从未涉足声色之乐。日常生活从不讲究豪华铺张，日食只求清淡，并有意节食。1965年他身患癌症到上海治疗时，医生经过全面检查竟发现这位亿万富翁长期营养不良！他平时不言宗教，不信鬼神，逢年过节从不讲究排场，儿女婚嫁，亦不置酒宴客，自己过生日则不让办庆典，别人祝寿他也不参加。各种繁文缛节一概革除，他最大的兴趣是，每周定期会见各界宾客，便餐相待，同各类朋友交谈。

他虽无豪华的物质生活,却有充实的精神生活,晚年,他挂在客厅里的对子"事能知足心常惬,人到无求品自高",颇能反映他的人生观。

五

为什么李光前先生不但能有事业的巨大成功,还能有许多经得起历史验证的远见卓识,有使后人学习不尽的崇高品格呢?这是很值得我们去探究的。

任何一个历史人物,在特定的历史时代,特定的民族和国家,都有他的代表性,一个历史时代,一个民族和国家都有特定的文化。从这个意义上说,每一个历史人物的产生都是一种文化现象。

李光前先生的时代是新马华侨时代向华人时代变革的年代,在中国,民主革命取得了节节胜利,在东南亚,独立运动也开花结果,这个变革是向上的、进步的变革,这个时代是造就巨人的时代。李光前先生生活的东南亚是一个多元民族的社会,他饱尝过许多华侨所经历过的苦难和艰辛,他对马来人的社会有深切的理解和同情。在中西文化交汇、撞击的接合部上,他领受过西方文化的压抑和排挤,也体验过其中进步的、有用的东西。由于他从小聪颖好学,中文西文都十分娴熟,又有思索的习惯和融会贯通的能力,由于他永远生活在人民之中,在企业内部和职工打成一片,在社会上和平民百姓有密切往来,他不但深谙侨情、国情,而且能取中西文化之精华加以融合,这就使得他的思想既不脱离社会实际又能提升到新的境界。就中国文化说,他有儒家的积极进取,又有道家的自然洒脱,还接受过维新变革和民主革命的思想;就西方文化说,他深知资本主义经济的运作规律,也了解现代的国家观念和政治制度。他办实业,一靠中国传统文化,以仁爱待人,以信义处事,二靠西式的经营管理,注重技术,注意效益,善于利用银行资金的周转。他观察时局,一靠对华侨社会的深切了解,二靠长期和殖民政府周旋的经验。作为华人社会的一分子,他既有历代华侨所具有的勤劳刻苦的奋斗精神,爱国爱乡、助人为乐的思想,又能突破帮派思想的限制,突破养家糊口、衣锦还乡的小农思想的束缚，有更加广泛、更加深远的追求。李光前先生的思想品格是中西方文化结合、多民族文化融合的成果，是扎根人民群众、脚踏实地并放眼世界风云、高瞻远瞩的产物。

　　光前先生诞生到现在，一个世纪过去了。百年来，中国和东南亚都发生了翻天覆地的变化。事实证明，他是一位经得起历史考验、为历史做出贡献的杰出的历史人物。他离我们而去很长时间了，他所开创的事业还在发展，他给社会的造福还在延续。他留给后代的，除了物质财富，还有可贵的精神财富。他事业成功的经验，他独到的思想和崇高的品格，都是十分值得我们研究和学习的精神财富。

附录三 芙蓉李氏族谱节录

（一）《芙蓉李氏族谱》第八次续修序（节录）

芙蓉开基以后至六世始有记载。自此书香蔚起，科第蝉联，世德相承，则谱之修者，绳祖武即贻孙谋也。历数百年来，虽一代有一代之事略，各房缮本，同中有异，未能划一整齐，彝伦攸叙，乃为厘定综合，参考无遗，承先即以启后，维翰维城，宗祊永笃。总其事者，董事主任李硕果，副主任李引诹，名誉董事李丹臣、李光前等，结族之重望也……是为序。

中华民国三十八年春月谷旦　晋江曾遒拜撰

（李硕果乡贤，同盟会员，南安县参议员，厦门启新印刷厂老板；李引诹，族人，前清举人；曾遒，晋江名士，书法家。）

另有副主任李家驹所记李国侯（国专）家族事迹及《词翰集·学校之振兴》七律一首：

叔和平温厚，有长者风。其事父母存殁尽礼，待友朋情义兼至，遇交接信义相孚，早已脍炙人口。弱冠后在厦营成衣肆，历有年所恒，慨然曰：大丈夫制锦鸿猷当黼黻，匡时安能依人作嫁，遂挈眷往新加坡别谋发展。时清季变法图强，初更学制，派大吏端方督办暨南大学，收教华侨子弟，叔风气开先，即勖次男肄业。光前天资颖异，成绩冠军，端方深器重之。毕业后受陈嘉庚东床物色，舍学就商，营业蒸蒸日上，欧美驰名。慕岳翁兴学热诚，亦独资建设中小各学校，前途远大，策进正未有涯。中校名署国光，谓其急公好义，侨梓垂芳，乃邦国之光，非闾里之荣也。合阐扬以示后焉。

族侄家驹志

河山鼎革鼓风潮，
科学翻新旧学销，
周道自兹伤鞠草，
临雍无复听圜桥，
育才建校颁通令，
独力输赀赖富侨，
名署国光实克副，
鹓班伫盼翮翀霄。

（二）《芙蓉李氏族谱》第九次续修·侨界楷模光前公

民国之后，前往南洋定居乡亲之中，最为杰出的人物便是光前公（讳玉坤，1893—1967）。

光前公幼时在新加坡修习中英文，及长入暨南学堂、唐山路矿学校，后加入同盟会，响应辛亥革命。返回新加坡后，继续学习土木、测量等科，在陈嘉庚先生公司任职。因品格、才华出众，成为得力助手，并与嘉庚先生长女结为连理。在嘉庚先生倾资创办集美学校和厦门大学，又遭全球经济危机之后，创办南益公司，支持两校办学经费。先后在新马泰及印尼发展树胶、黄梨及金融等业。企业经营采取中式文化管理，得到大批芙蓉乡亲协助，胞弟玉荣，堂亲引桐、映雪、五香及儿侄成义、成智、成伟、成枫、文琛等都成为管理能人。同时运用计算机进行西式信息管理，以诚信获得银行资金支持，南益发展成新马一带首屈一指的企业王国。创业成功之后，光前公始终不遗余力奉献社会。先后在新马资助华侨中学，建图书馆、科学馆、光华学校、南侨女中，捐建南洋大学、新加坡国立大学，认捐医药发展基金，在家乡创办国专小学和国光中学、大礼堂和医院，多次拨付巨资扩建厦门大学、集美学村和国光学村。1952年后，提出过半资产建立新马最大规模的"李氏基金会"。据估计，数十年间所奉献资金数以亿计，约为诺贝尔奖奖金的十倍。成为南洋一带无人不知的大企业家和大慈善家。

二战之后，在东南亚摆脱殖民统治实现民族独立的抗争中，光前公以敏锐眼光认清形势，接受当地国家认同，率先从"落叶归根"转变为"落地生根"，适应从"华侨时代"向"华人时代"转化的需要，也符合新中国不承认双重国籍的政策，在华人社会中提倡取消帮派、团结各民族参加当地建设，谋求共同发展，增进社会福利。事实证明，光前公的认识是领先的，行动也是稳妥的。由于企业经营的雄才大略和政治眼光的远见卓识，多次出任新加坡华侨总商会的主席，成为新的"华人时代"领袖人物。1958年又出任新加坡福利协会主席，1961年新加坡国立大学成立时成为首任校长。1965年回国治病和探望家乡时得到周恩来总理的亲切接见。

光前公的一生，立足于中南半岛的东西方接合部，作为数千万南洋华人的杰出代表，作为无愧于历史的杰出人物，他经历过两种时代——华侨时代和华人时代，经历过两种灾难——热战和冷战，融合了东西方两种文化——东方的道德文化和西方的科学文化，建造了两座丰碑——物质的丰碑和精神的丰碑。光前公所建企业尚在创造财富，各种文化设施、基金尚在惠泽后人，所倡导、实行的"大道之行，天下为公"的准则，即现今之"专门利人，毫不利己"的精神。此乃超越宗族与民族、超越国家与时代的丰碑，是我芙蓉李氏家族的无上光荣。谨以诗赞曰：

  任凭风疾雨纷纷，南益高林自入云。
  学贯中西心淡定，胸怀家国志殷勤。
  兴家办校春常在，落地生根意出群。
  泽被后昆连四海，芙蓉百载出斯文。

附录四 有关诗词一束

李如龙

（一）嘉庚颂——纪念陈嘉庚先生百四诞辰

华侨旗帜耸云天，民族光辉日月悬。

烈火真金成赤子，救亡矢志我为先。

外一首

教育寻思可脱贫，倾资办学自情真。

英才辈出层层绿，安坐浔江赏新茵。

（2014年，浔江：厦门市集美镇小河）

（二）建南五楼辛巳年重修碑记

建南大礼堂楼群五座系李光前先生承继陈嘉庚先生事业所建，落成于1953年。为迎接厦门大学80周年校庆，成义先生以李氏基金为之修饰一新，谨勒石以记。

建南群宇，雄镇鹭门，暮迎归楫，朝沐清暾，

功成四纪，惠泽后昆，曾经秋肃，又逢春温，

八旬庆典，再展缤纷，自强不息，道永德纯，

潮声有致，浪影无痕，浩然正气，天海长存。

（2001年4月6日）

（三）厦门大学90周年校庆有感　调寄南歌子

鹭岛洪荒久，骤然见霞光。

花繁木秀竞芬芳，走向五洲四海每自强。

漫道辉煌史，前程日月长。

无边学海永茫茫，不尽方舟更待锦帆航。

（2011年）

（四）怀念成枫老宗兄（七言古体）

蓉溪侧畔话当年，岁月峥嵘景万千。

历尽浩劫与烽烟，爱国恋乡情益坚。

最堪敬佩事光前，赤胆忠心善周旋。

可谓大厦已连天，成就先贤出后贤。

老大归来愈频繁，眷恋乡梓惜故园。

兴学只为开富源，筑桥但求履平川。

壮心未已气浩然，立足东亚望西寰。

投资育人着先鞭，华夏文明谱新篇。

梅山耸峙多盘桓，晋水常流有清泉。

思君不见山巅巅，念君不闻水溅溅。

何日重逢蓉水边，梅峰桥下月初圆。

会当吟诗一百篇，把盏放歌舞蹁跹。

（1993年）

注：李成枫（1908—1995），协助李光前掌管南益马来亚公司数十年，发扬光前精神，为办中华独立中学、尊孔中学等校做出重大贡献。回乡建学校、造大桥，在厦门大学建成枫楼，为美国华裔诺奖得主捐楼，誉满乡里。此七言古诗作于1993年在故乡聚会采访结束，宗兄返回新加坡之后。

（五）国光中学校庆（三首）

蝶恋花（1988）

谁谓芙蓉溪水小，汇入江河，巨浪知多少？

四十五年多姣姣，天涯何处无芳草。

华夏中兴春意好，任重道远，莫道君行早。

两代先贤心浩浩，莘莘学子曾知晓。

忆江南（1986）

梅山下，脉脉水流东，穿入山峦奔海去，搏击乐无穷。

蓉溪畔，簇簇野花红，南国本来春常在。

香飘四季绿茸茸，桃李遍寰中。

七　律（1998）

炮声隐约有余音，古庙祠堂何处寻。

广厦巍巍平地起，书声琅琅震天吟。

同欢茁壮新苗秀，共忆苍茫老树荫。

旗海歌潮今日盛，张扬校主爱才心。

（六）国专小学五十周年校庆（1988）

历尽烽烟志正道，清溪作伴濑中流。

山乡天地何言小，四海连通有五洲。

（七）与香港国光校友欢聚（绝句两首）

梅峰芦水意绵绵，毓秀含英年复年。

代代学人皆奋发，故情新招告先贤。

（2004年6月16日）

香江兴会几多秋，学友乡情两相投。

只恨村居时日少，难忘英主泽长留。

（2013年1月10日）

初稿后记

我1936年出生在芙蓉乡，是李光前先生同一个"二房"的侄辈。还在少年时代，我就知道了有个了不起的光前伯。他所创办的国专小学和国光中学是我得到启蒙的母校，在我的记忆中，母校的老师一个比一个能干。小学老师大多是厦门大同小学来的穿旗袍的阿姨，个个和蔼可亲，循循善诱，我要是考试名列前茅，还会奖给我铅笔鼓励。中学的老师多数是厦门大学毕业生，他们教的古文和英文都是我们闻所未闻的。老师们对校主都怀着十分的崇敬，所以教书育人都很敬业。在抗战的烽火之中，我们也感受到校主办学和老师教书都很不容易，怀着感恩之心，学习不敢怠慢。后来，在泉州读完高中，1953年我又考进了厦门大学。那四年间，住在芙蓉楼，吃饭到竞丰膳厅（"竞丰"是李光前先生老家的村名），找老师问问题便到国光楼，一直好像还出入在家乡一样。记得是1954年面向厦门港的五座新楼落成时，陈嘉庚先生在建南大礼堂用家乡话演讲，陈村牧先生帮他做普通话翻译。对于嘉庚先生千辛万苦办学和光前先生大力接续、扩展教育事业，我又多了一些了解。随着岁月的增长，他们的形象在我心目中越来越高大，也越来越光辉了。同时也越来越觉得，他们两代人所经历过的考验和锻炼，在历史演变过程中的艰难的转折和智慧的觉醒，是那样难能可贵，又是那么深刻地体现了时代的变革。尤其是青出于蓝的光前先生，人们对他知道得太少了。他的事业、他的经验、他的精神，是一笔珍贵的民族文化遗产，后人并没有很好地去了解他，于是我就想到，要为光前伯写一本书，把我的理解拿出来跟大家分享。

去年，我到新加坡参加"国际中国语言学会"（ICCL）成立大会暨首届学术会议时，经过预约，我拜会了成义先生。他让他的堂弟、我的国光同学成基兄领着我参观了南益的现代化树胶厂，新加坡大学里的李光前纪念馆和南洋大学的校舍，还到华侨中学看学生们在电脑上打字，用中文写作文的情景。一路上还讲了许多"南益"的历史。后来，还转达了成义先生的邀请，到华侨银行顶楼参加每周一次的午餐例会。见到成义先生后，我跟他说，"打算写一本光前伯的传记。"他说："家父生前一向不主张宣扬个人，作为他的后辈，我们也不应该提倡此事。如果大家认为有必要写，当然是应该支持的。"他的和蔼、谦逊、诚挚和恳切使我感觉到，这不就是我未曾见过面的光前伯的风貌吗？在旁的亲友也告诉我，这个感觉没有错。我越发感觉到这本书非写不可。但也同时陷入了深深的忧虑：如果写得不好，不能如实地把一个崇高的形象展现在后人的面前，会不会事与愿违？

今年是光前伯一百周年诞辰，千百万人都在纪念他，缅怀他的丰功伟绩，理解他的精神。家乡的许多亲友又再三鼓励我应该把这本书写出来。半年前，下笔之后才知道，光前先生的事业主要在东南亚，客观上，我既缺乏感性认识，又未能掌握足够的资料，手上的事多，也不允许我抽出更多时间去调查和思索；主观上，自己也并不具备史学素质，也缺乏足够的文学修养，这书并不容易写好。然而崇敬的心情和迫切的感受又驱使着我不由得不写。下笔之初，适逢成枫先生返梓，协助李氏基金会筹备家乡的芙蓉基金会，并答应给我提供采访。在梅山之下、蓉溪之滨，我们一起住在国专校董会，他侃侃而谈，如数家珍，整整跟我谈了五天，使我知道了许多细节。成枫兄是光前先生最亲密的侄辈助手之一，两人有数十年的交情，他对光前先生的理解也十分深刻。这次采访使我增加了不少信心。

接着便是我获得了来香港中文大学作半年的访问研究的机会，有了利用大学里的大量宝贵资料的机会。在整理《客赣方言调查报告》的同时，我怀着激动的心情，利用一切可以利用的时间，查阅各种文献资料，进一步思考问题，终于理出来一个大体的框架。现在写成的还只是一个粗略的梗概。史实的校核，观点的斟酌，文笔的加工都还有待进一步努力。先此作为李光前先生一百周年诞辰纪念大会的征求意见稿印出来，诚望海内外亲友和方家多多示正，以便再作修改。

李如龙　1993年于香港中文大学寓所

跋

　　本书的初稿写成到现在将近25年了。初稿完成后,我曾经复印寄给成枫兄,并请他转给成义先生,请他们为我审阅把关。一是怕所写的内容不合事实,二是怕自己所理解的光前精神不准确。后来是成枫兄给我回了信,说所写的内容没问题,就是光前先生生前交代过,身后五十年之内不要出版传记。成义先生说:"如果我们不知道,出版也就出版了,既然知道了就不好违背家大人的意愿,不便答应你现在出版此书。"

　　这封信所传达的李光前先生的遗言又引起了我久久的思索。这不就是他晚年学习道家的理解和贯彻吗?《道德经》第二章说:"圣人处无为之事,行不言之教。万物作焉而不辞,生而不有,为而不恃,功成而弗居。夫唯不居,是以不去。""处无为之事",就是顺乎自然,不强求;"不言之教"就是不假言辞,身体力行以示身教。后面的几句,说的是万物生长、制作出来而不占有,有了作为并不自恃,立下功劳也不自居,只有这样,功业德行才能传承后代,永世长存。原来,他不但自己终生如此躬行,身后还要后人依照他所遵从的原则办事。

　　我不由得想起了许多著名的民族英雄、儒将,他们的英勇善战的业绩和视死如归的奋斗精神,确实是非常值得敬佩的，但是，说到头来，还有"留取丹青照汗青"（文天祥）和"赢得生前身后名"（辛弃疾）的一点自我之念。而由儒入道的李光前伯伯就连这一丝杂念也清除殆尽了。从这一点上，我看到了，"道心"比起"儒心"，还是更加纯粹、更加洁白无瑕的，不是吗？

我又想到了，光前先生确实是个真正的历史人物。称得上历史人物的，一定有明确而厚重的历史感，知道历史是检验人物的试金石。有些十分显赫的、自命不凡的人，活着的时候就被人唾弃了；有的仗着威权或骗取了虚名重位的人，身后也销声匿迹了。如果违背了历史潮流或站到人民对立面的人物，哪怕也创了一番业绩，历史和人民也不会称颂他的功劳。李光前先生不想让别人对他的业绩歌功颂德，因为他认为自己的成功只是因为客观的幸运和主观的努力，而他对社会的贡献，也不过是自己一份应有的回馈。至于后人去研究他的功过和得失，对他进行客观的历史评价，我想他是不会反对的，他生前不就是常常征询周边的好友，看旁人有没有看到他的所作所为有什么不妥之处吗？

那么，为什么身后五十年之内，不忙于让别人对他做出评价呢，我想这是因为，五十年里，历史的尘埃还不一定都落定了，只有经过真伪、正误和善恶的全面检验，对一个人事业的功过和品格的高低，才能得出准确的结论。这是他对历史的尊重，也是他对自己坚定的信念。

时间又过了25年，我翻出了旧稿，读了几遍，感觉到作为一本传记，原稿对李光前先生业绩有不少遗漏，对他品格的历史高度则估计有不足之处。我自己如今也进入老年了，学着光前伯，近些年也在读《道德经》，也在步他的后尘，由儒入道。如今的我，想到的是，他的业绩是不用去详尽罗列的，因为他所有的贡献，都有文献的记录，也有物质的存在，还有世代相传的口碑，事实上也是统计不完的。李氏基金不就是每年还在奉献社会吗？因此，我这一次所做的只是对于"李光前现象"的思考：作为特定的时间和空间条件下的历史人物，后人应该怎样去认识他的业绩的历史高度，怎样理解他的德行的历史价值。本文主要就这两个方面做了一些补充。

　　半个世纪过去了，新马变了样，中国变了样，世界也走上了崭新的发展阶段。然而，李光前先生毕生奋斗的时代和地域，已经定格在一个有许多特别意义的时空位置上。现在回头来看看，海上丝绸之路上这个东西方的交汇点，政治、经济、文化经历了百年的撞击，在这个历史变革的过程中，这位不平常的人物，发挥过什么样的历史作用，表现了什么样的历史价值，这就是我认为必须认真研究的"李光前现象"。如果这本小书能就此引起大家的一些思考，不论是纠正我不当的想法，还是补充我的观点，推进我的思想，都是我所企望和欢迎的。

　　所收附录，除了"生平大事年表"，一是1993年提交给纪念李光前先生诞辰100周年大会的论文，一是光前先生家乡的族谱和乡志有关李光前先生的记载，还有我自己和国专、国光和厦门大学母校及校友往来的诗词一束，记录了我数十年间相关的心路历程。

李如龙 于 2017 年 8 月